SUECO

VOCABULÁRIO

PORTUGUÊS BRASILEIRO

PORTUGUÊS
SUECO

Para alargar o seu léxico e apurar
as suas competências linguísticas

3000 palavras

Vocabulário Português Brasileiro-Sueco - 3000 palavras

Por Andrey Taranov

Os vocabulários da T&P Books destinam-se a ajudar a aprender, a memorizar, e a rever palavras estrangeiras. O dicionário é dividido em temas, cobrindo todas as principais esferas de atividades quotidianas, negócios, ciência, cultura, etc.

O processo de aprendizagem, utilizando os dicionários baseados em temáticas da T&P Books dá-lhe as seguintes vantagens:

- Informação de origem corretamente agrupada predetermina o sucesso em fases subsequentes da memorização de palavras
- Disponibilização de palavras derivadas da mesma raiz, o que permite a memorização de unidades de texto (em vez de palavras separadas)
- Pequenas unidades de palavras facilitam o processo de estabelecimento de vínculos associativos necessários para a consolidação do vocabulário
- O nível de conhecimento da língua pode ser estimado pelo número de palavras aprendidas

T&P Books Publishing
www.tpbooks.com

ISBN: 978-1-78767-445-5

Este livro também está disponível em formato E-book.
Por favor visite www.tpbooks.com ou as principais livrarias on-line.

VOCABULÁRIO SUECO
palavras mais úteis

Os vocabulários da T&P Books destinam-se a ajudar a aprender, a memorizar, e a rever palavras estrangeiras. O vocabulário contém mais de 3000 palavras de uso comum organizadas tematicamente.

O vocabulário contém as palavras mais comummente usadas
Recomendado como adicional para qualquer curso de línguas
Satisfaz as necessidades dos iniciados e dos alunos avançados de línguas estrangeiras
Conveniente para o uso diário, sessões de revisão e atividades de auto-teste
Permite avaliar o seu vocabulário

Características especias do vocabulário

- As palavras estão organizadas de acordo com o seu significado, e não por ordem alfabética
- As palavras são apresentadas em três colunas para facilitar os processos de revisão e auto-teste
- As palavras compostas são divididas em pequenos blocos para facilitar o processo de aprendizagem
- O vocabulário oferece uma transcrição simples e adequada de cada palavra estrangeira

O vocabulário contém 101 tópicos incluindo:

Conceitos básicos, Números, Cores, Meses, Estações do ano, Unidades de medida, Roupas & Acessórios, Alimentos & Nutrição, Restaurante, Membros da Família, Parentes, Caráter, Sentimentos, Emoções, Doenças, Cidade, Passeios, Compras, Dinheiro, Casa, Lar, Escritório, Trabalho no Escritório, Importação & Exportação, Marketing, Pesquisa de Emprego, Esportes, Educação, Computador, Internet, Ferramentas, Natureza, Países, Nacionalidades e muito mais ...

TABELA DE CONTEÚDOS

Guia de pronunciação   8
Abreviaturas   10

CONCEITOS BÁSICOS   12

1. Pronomes   12
2. Cumprimentos. Saudações   12
3. Questões   13
4. Preposições   13
5. Palavras funcionais. Advérbios. Parte 1   14
6. Palavras funcionais. Advérbios. Parte 2   15

NÚMEROS. DIVERSOS   17

7. Números cardinais. Parte 1   17
8. Números cardinais. Parte 2   18
9. Números ordinais   18

CORES. UNIDADES DE MEDIDA   19

10. Cores   19
11. Unidades de medida   19
12. Recipientes   20

VERBOS PRINCIPAIS   22

13. Os verbos mais importantes. Parte 1   22
14. Os verbos mais importantes. Parte 2   23
15. Os verbos mais importantes. Parte 3   24
16. Os verbos mais importantes. Parte 4   24

TEMPO. CALENDÁRIO   26

17. Dias da semana   26
18. Horas. Dia e noite   26
19. Meses. Estações   27

VIAGENS. HOTEL   30

20. Viagens   30
21. Hotel   30
22. Turismo   31

TRANSPORTES   33

23. Aeroporto   33
24. Avião   34
25. Comboio   35
26. Barco   36

CIDADE   38

27. Transportes urbanos   38
28. Cidade. Vida na cidade   39
29. Instituições urbanas   40
30. Sinais   41
31. Compras   42

VESTUÁRIO & ACESSÓRIOS   44

32. Roupa exterior. Casacos   44
33. Vestuário de homem & mulher   44
34. Vestuário. Roupa interior   45
35. Adereços de cabeça   45
36. Calçado   45
37. Acessórios pessoais   46
38. Vestuário. Diversos   46
39. Cuidados pessoais. Cosméticos   47
40. Relógios de pulso. Relógios   48

EXPERIÊNCIA DO QUOTIDIANO   49

41. Dinheiro   49
42. Correios. Serviço postal   50
43. Banca   50
44. Telefone. Conversação telefônica   51
45. Telefone móvel   52
46. Estacionário   52
47. Línguas estrangeiras   53

REFEIÇÕES. RESTAURANTE   55

48. Por a mesa   55
49. Restaurante   55
50. Refeições   55
51. Pratos cozinhados   56
52. Comida   57

53.	Bebidas	59
54.	Vegetais	60
55.	Frutos. Nozes	61
56.	Pão. Bolaria	61
57.	Especiarias	62

INFORMAÇÃO PESSOAL. FAMÍLIA 63

58.	Informação pessoal. Formulários	63
59.	Membros da família. Parentes	63
60.	Amigos. Colegas de trabalho	64

CORPO HUMANO. MEDICINA 66

61.	Cabeça	66
62.	Corpo humano	67
63.	Doenças	67
64.	Sintomas. Tratamentos. Parte 1	69
65.	Sintomas. Tratamentos. Parte 2	70
66.	Sintomas. Tratamentos. Parte 3	71
67.	Medicina. Drogas. Acessórios	71

APARTAMENTO 73

68.	Apartamento	73
69.	Mobiliário. Interior	73
70.	Quarto de dormir	74
71.	Cozinha	74
72.	Casa de banho	75
73.	Eletrodomésticos	76

A TERRA. TEMPO 77

74.	Espaço sideral	77
75.	A Terra	78
76.	Pontos cardeais	79
77.	Mar. Oceano	79
78.	Nomes de Mares e Oceanos	80
79.	Montanhas	81
80.	Nomes de montanhas	82
81.	Rios	82
82.	Nomes de rios	83
83.	Floresta	83
84.	Recursos naturais	84
85.	Tempo	85
86.	Tempo extremo. Catástrofes naturais	86

FAUNA 88

87.	Mamíferos. Predadores	88
88.	Animais selvagens	88

89. Animais domésticos   89
90. Pássaros   90
91. Peixes. Animais marinhos   92
92. Anfíbios. Répteis   92
93. Insetos   93

FLORA   94

94. Árvores   94
95. Arbustos   94
96. Frutos. Bagas   95
97. Flores. Plantas   96
98. Cereais, grãos   97

PAÍSES DO MUNDO   98

99. Países. Parte 1   98
100. Países. Parte 2   99
101. Países. Parte 3   99

GUIA DE PRONUNCIAÇÃO

Letra	Exemplo Sueco	Alfabeto fonético T&P	Exemplo Português
Aa	bada	[ɑ], [ɑ:]	amar
Bb	tabell	[b]	barril
Cc ¹	licens	[s]	sanita
Cc ²	container	[k]	aquilo
Dd	andra	[d]	dentista
Ee	efter	[e]	metal
Ff	flera	[f]	safári
Gg ³	gömma	[j]	Vietnã
Gg ⁴	truga	[g]	gosto
Hh	handla	[h]	[h] aspirada
Ii	tillhöra	[i:], [ɪ]	cair
Jj	jaga	[j]	Vietnã
Kk ⁵	keramisk	[ɕ]	shiatsu
Kk ⁶	frisk	[k]	aquilo
Ll	tal	[l]	libra
Mm	medalj	[m]	magnólia
Nn	panik	[n]	natureza
Oo	tolv	[ɔ]	emboço
Pp	plommon	[p]	presente
Qq	squash	[k]	aquilo
Rr	spelregler	[r]	riscar
Ss	spara	[s]	sanita
Tt	tillhöra	[t]	tulipa
Uu	ungefär	[u], [ʉ:]	coelho
Vv	overall	[v]	fava
Ww ⁷	kiwi	[w]	página web
Xx	sax	[ks]	perplexo
Yy	manikyr	[y], [y:]	trabalho
Zz	zoolog	[s]	sanita
Åå	sångare	[ə]	milagre
Ää	tandläkare	[æ]	semana
Öö	kompositör	[ø]	orgulhoso

Combinações de letras

Ss ⁸	sjösjuka	[ʃ]	mês
sk ⁹	skicka	[ʃ]	mês
s ¹⁰	först	[ʃ]	mês
Jj ¹¹	djärv	[j]	Vietnã
Lj ¹²	ljus	[j]	Vietnã

Letra	Exemplo Sueco	Alfabeto fonético T&P	Exemplo Português
kj, tj	kjol	[ɕ]	shiatsu
ng	omkring	[ŋ]	alcançar

Comentários

* kj pronuncia-se como ◻
** ng transfere um som nasal
1 antes de e, i, y
2 noutras situações
3 antes de e, i, ä, ö
4 noutras situações
5 antes de e, i, ä, ö
6 noutras situações
7 em estrangeirismos
8 em sj, skj, stj
9 antes de e, i, y, ä, ö acentuados
10 na combinação rs
11 em dj, hj, gj, kj
12 no início de palavras

ABREVIATURAS
usadas no vocabulário

Abreviaturas do Português

adj	-	adjetivo
adv	-	advérbio
anim.	-	animado
conj.	-	conjunção
desp.	-	esporte
etc.	-	Etcetera
ex.	-	por exemplo
f	-	nome feminino
f pl	-	feminino plural
fem.	-	feminino
inanim.	-	inanimado
m	-	nome masculino
m pl	-	masculino plural
m, f	-	masculino, feminino
masc.	-	masculino
mat.	-	matemática
mil.	-	militar
pl	-	plural
prep.	-	preposição
pron.	-	pronome
sb.	-	sobre
sing.	-	singular
v aux	-	verbo auxiliar
vi	-	verbo intransitivo
vi, vt	-	verbo intransitivo, transitivo
vr	-	verbo reflexivo
vt	-	verbo transitivo

Abreviaturas do Sueco

pl	-	plural

Artigos do Sueco

den	-	gênero comum
det	-	neutro

| en | - | gênero comum |
| ett | - | neutro |

CONCEITOS BÁSICOS

1. Pronomes

eu	jag	['ja:]
você	du	[dʉ:]
ele	han	['han]
ela	hon	['hʊn]
ele, ela (neutro)	det, den	[dɛ], [dɛn]
nós	vi	['vi]
vocês	ni	['ni]
eles, elas	de	[de:]

2. Cumprimentos. Saudações

Oi!	Hej!	['hɛj]
Olá!	Hej! Hallå!	['hɛj], [ha'lʲo:]
Bom dia!	God morgon!	[ˌgʊd 'mɔrgɔn]
Boa tarde!	God dag!	[ˌgʊd 'dag]
Boa noite!	God kväll!	[ˌgʊd 'kvɛlʲ]
cumprimentar (vt)	att hälsa	[at 'hɛlʲsa]
Oi!	Hej!	['hɛj]
saudação (f)	hälsning (en)	['hɛlʲsniŋ]
saudar (vt)	att hälsa	[at 'hɛlʲsa]
Como você está?	Hur står det till?	[hʉr sto: de 'tilʲ]
Como vai?	Hur är det?	[hʉr ɛr 'de:]
E aí, novidades?	Vad är nytt?	[vad æ:r 'nʏt]
Tchau!	Adjö! Hej då!	[a'jø:], [hɛj'do:]
Até logo!	Hej då!	[hɛj'do:]
Até breve!	Vi ses!	[vi ses]
Adeus!	Adjö! Farväl!	[a'jø:], [far'vɛ:lʲ]
despedir-se (dizer adeus)	att säga adjö	[at 'sɛ:ja a'jø:]
Até mais!	Hej då!	[hɛj'do:]
Obrigado! -a!	Tack!	['tak]
Muito obrigado! -a!	Tack så mycket!	['tak sɔ 'mʏkə]
De nada	Varsågod	['va:ṣo:gʊd]
Não tem de quê	Ingen orsak!	['iŋən 'ʊ:ṣak]
Não foi nada!	Ingen orsak!	['iŋən 'ʊ:ṣak]
Desculpa!	Ursäkta, ...	['ʉ:ˌṣɛkta ...]
Desculpe!	Ursäkta mig, ...	['ʉ:ˌṣɛkta mɛj ...]
desculpar (vt)	att ursäkta	[at 'ʉ:ˌṣɛkta]
desculpar-se (vr)	att ursäkta sig	[at 'ʉ:ˌṣɛkta sɛj]

Me desculpe	Jag ber om ursäkt	[ja ber ɔm 'ɵ:ˌsɛkt]
Desculpe!	Förlåt!	[fœ:'lˌoːt]
perdoar (vt)	att förlåta	[at 'fœ:ˌlʲoːta]
Não faz mal	Det gör inget	[dɛ jør 'iŋet]
por favor	snälla	['snɛla]

Não se esqueça!	Glöm inte!	['glʲøːm 'intə]
Com certeza!	Naturligtvis!	[na'tɵrligvis]
Claro que não!	Självklart inte!	['ɧɛlʲvklʲaʈ 'intə]
Está bem! De acordo!	OK! Jag håller med.	[ɔ'kej] , [ja 'hoːlʲer me]
Chega!	Det räcker!	[dɛ 'rɛkə]

3. Questões

Quem?	Vem?	['vem]
O que?	Vad?	['vad]
Onde?	Var?	['var]
Para onde?	Vart?	['vaːʈ]
De onde?	Varifrån?	['varifroːn]
Quando?	När?	['næːr]
Para quê?	Varför?	['vaːføːr]
Por quê?	Varför?	['vaːføːr]

Para quê?	För vad?	['før vad]
Como?	Hur?	['hɵːr]
Qual (~ é o problema?)	Vilken?	['vilʲkən]
Qual (~ deles?)	Vilken?	['vilʲkən]

A quem?	Till vem?	[tilʲ 'vem]
De quem?	Om vem?	[ɔm 'vem]
Do quê?	Om vad?	[ɔm 'vad]
Com quem?	Med vem?	[me 'vem]
Quantos? -as?	Hur många?	[hɵr 'mɔŋa]
Quanto?	Hur mycket?	[hɵr 'mɤkə]
De quem? (masc.)	Vems?	['vɛms]

4. Preposições

com (prep.)	med	['me]
sem (prep.)	utan	['ɵtan]
a, para (exprime lugar)	till	['tilʲ]
sobre (ex. falar ~)	om	['ɔm]
antes de ...	för, inför	['føːr], ['inføːr]
em frente de ...	framför	['framføːr]

debaixo de ...	under	['undər]
sobre (em cima de)	över	['øːvər]
em ..., sobre ...	på	[pɔ]
de, do (sou ~ Rio de Janeiro)	från	['frɔn]
de (feito ~ pedra)	av	[av]
em (~ 3 dias)	om	['ɔm]
por cima de ...	över	['øːvər]

5. Palavras funcionais. Advérbios. Parte 1

Onde?	Var?	['var]
aqui	här	['hæ:r]
lá, ali	där	['dæ:r]

em algum lugar	någonstans	['no:gɔn‚stans]
em lugar nenhum	ingenstans	['iŋən‚stans]

perto de ...	vid	['vid]
perto da janela	vid fönstret	[vid 'fœnstrət]

Para onde?	Vart?	['va:t]
aqui	hit	['hit]
para lá	dit	['dit]
daqui	härifrån	['hæ:ri‚fro:n]
de lá, dali	därifrån	['dæ:ri‚fro:n]

perto	nära	['næ:ra]
longe	långt	['lʲɔŋt]

perto de ...	nära	['næ:ra]
à mão, perto	i närheten	[i 'næ:r‚hetən]
não fica longe	inte långt	['intə 'lʲɔŋt]

esquerdo (adj)	vänster	['vɛnstər]
à esquerda	till vänster	[tilʲ 'vɛnstər]
para a esquerda	till vänster	[tilʲ 'vɛnstər]

direito (adj)	höger	['hø:gər]
à direita	till höger	[tilʲ 'hø:gər]
para a direita	till höger	[tilʲ 'hø:gər]

em frente	framtill	['framtilʲ]
da frente	främre	['frɛmrə]
adiante (para a frente)	framåt	['framo:t]

atrás de ...	bakom, baktill	['bakɔm], ['bak'tilʲ]
de trás	bakifrån	['baki‚fro:n]
para trás	tillbaka	[tilʲ'baka]

meio (m), metade (f)	mitt (en)	['mit]
no meio	i mitten	[i 'mitən]

do lado	från sidan	[frɔn 'sidan]
em todo lugar	överallt	['ø:vər‚alʲt]
por todos os lados	runt omkring	[runt ɔm'kriŋ]

de dentro	inifrån	['ini‚fro:n]
para algum lugar	någonstans	['no:gɔn‚stans]
diretamente	rakt, rakt fram	['rakt], ['rakt fram]
de volta	tillbaka	[tilʲ'baka]

de algum lugar	från var som helst	[frɔn va sɔm 'hɛlʲst]
de algum lugar	från någonstans	[frɔn 'no:gɔn‚stans]

em primeiro lugar	för det första	['før de 'fœ:ʂta]
em segundo lugar	för det andra	['før de 'andra]
em terceiro lugar	för det tredje	['før de 'trɛdjə]

de repente	plötsligt	['plʲøtslit]
no início	i början	[i 'bœrjan]
pela primeira vez	för första gången	['før 'fœ:ʂta 'gɔŋən]
muito antes de ...	långt innan ...	['lʲɔŋt 'inan ...]
de novo	på nytt	[pɔ 'nʏt]
para sempre	för gott	[før 'gɔt]

nunca	aldrig	['alʲdrig]
de novo	igen	['ijɛn]
agora	nu	['nʉ:]
frequentemente	ofta	['ɔfta]
então	då	['do:]
urgentemente	brådskande	['brɔ‚skandə]
normalmente	vanligtvis	['van‚litvis]

a propósito, ...	förresten ...	[fœ:'rɛstən ...]
é possível	möjligen	['mœjligən]
provavelmente	sannolikt	[sanʊ'likt]
talvez	kanske	['kanɦə]
além disso, ...	dessutom ...	[des'ʉ:tʊm ...]
por isso ...	därför ...	['dæ:før ...]
apesar de ...	i trots av ...	[i 'trɔts av ...]
graças a ...	tack vare ...	['tak ‚varə ...]

que (pron.)	vad	['vad]
que (conj.)	att	[at]
algo	något	['no:gɔt]
alguma coisa	något	['no:gɔt]
nada	ingenting	['iŋəntiŋ]

quem	vem	['vem]
alguém (~ que ...)	någon	['no:gɔn]
alguém (com ~)	någon	['no:gɔn]

ninguém	ingen	['iŋən]
para lugar nenhum	ingenstans	['iŋən‚stans]
de ninguém	ingens	['iŋəns]
de alguém	någons	['no:gɔns]

tão	så	['so:]
também (gostaria ~ de ...)	också	['ɔkso:]
também (~ eu)	också	['ɔkso:]

6. Palavras funcionais. Advérbios. Parte 2

Por quê?	Varför?	['va:fø:r]
por alguma razão	av någon anledning	[av 'no:gɔn 'an‚lʲedniŋ]
porque ...	därför att ...	['dæ:før at ...]
por qualquer razão	av någon anledning	[av 'no:gɔn 'an‚lʲedniŋ]
e (tu ~ eu)	och	['ɔ]

ou (ser ~ não ser)	eller	['ɛlʲer]
mas (porém)	men	['men]
para (~ a minha mãe)	för, till	['føːr]

muito, demais	för, alltför	['føːr], ['alʲtføːr]
só, somente	bara, endast	['bara], ['ɛndast]
exatamente	precis, exakt	[prɛ'sis], [ɛk'sakt]
cerca de (~ 10 kg)	cirka	['sirka]

aproximadamente	ungefär	['uŋəˌfæːr]
aproximado (adj)	ungefärlig	['uŋəˌfæːˌlig]
quase	nästan	['nɛstan]
resto (m)	rest (en)	['rɛst]

o outro (segundo)	den andra	[dɛn 'andra]
outro (adj)	andre	['andrə]
cada (adj)	var	['var]
qualquer (adj)	vilken som helst	['vilʲkən sɔm 'hɛlʲst]
muito, muitos, muitas	mycken, mycket	['mʏkən], ['mʏkə]
muitas pessoas	många	['mɔŋa]
todos	alla	['alʲa]

em troca de ...	i gengäld för ...	[i 'jɛŋɛld ˌfør ...]
em troca	i utbyte	[i 'ʉtˌbytə]
à mão	för hand	[før 'hand]
pouco provável	knappast	['knapast]

provavelmente	sannolikt	[sanʊ'likt]
de propósito	med flit, avsiktligt	[me flit], ['avsiktlit]
por acidente	tillfälligtvis	['tilʲfɔlitvis]

muito	mycket	['mʏkə]
por exemplo	till exempel	[tilʲ ɛk'sɛmpəl]
entre	mellan	['mɛlʲan]
entre (no meio de)	bland	['blʲand]
tanto	så mycket	[sɔ 'mʏkə]
especialmente	särskilt	['sæːˌʂilʲt]

NÚMEROS. DIVERSOS

7. Números cardinais. Parte 1

zero	noll	['nɔlʲ]
um	ett	[ɛt]
dois	två	['tvoː]
três	tre	['treː]
quatro	fyra	['fyra]
cinco	fem	['fem]
seis	sex	['sɛks]
sete	sju	['ɧʉː]
oito	åtta	['ota]
nove	nio	['niːʊ]
dez	tio	['tiːʊ]
onze	elva	['ɛlʲva]
doze	tolv	['tɔlʲv]
treze	tretton	['trɛtːɔn]
catorze	fjorton	['fjʊːʈɔn]
quinze	femton	['fɛmtɔn]
dezesseis	sexton	['sɛkstɔn]
dezessete	sjutton	['ɧʉːtːɔn]
dezoito	arton	['aːʈɔn]
dezenove	nitton	['niːtːɔn]
vinte	tjugo	['ɕʉgʊ]
vinte e um	tjugoett	['ɕʉgʊˌɛt]
vinte e dois	tjugotvå	['ɕʉgʊˌtvoː]
vinte e três	tjugotre	['ɕʉgʊˌtreː]
trinta	trettio	['trɛtːiʊ]
trinta e um	trettioett	['trɛtːiʊˌɛt]
trinta e dois	trettiotvå	['trɛtːiʊˌtvoː]
trinta e três	trettiotre	['trɛtːiʊˌtreː]
quarenta	fyrtio	['fœːʈiʊ]
quarenta e um	fyrtioett	['fœːʈiʊˌɛt]
quarenta e dois	fyrtiotvå	['fœːʈiʊˌtvoː]
quarenta e três	fyrtiotre	['fœːʈiʊˌtreː]
cinquenta	femtio	['fɛmtiʊ]
cinquenta e um	femtioett	['fɛmtiʊˌɛt]
cinquenta e dois	femtiotvå	['fɛmtiʊˌtvoː]
cinquenta e três	femtiotre	['fɛmtiʊˌtreː]
sessenta	sextio	['sɛkstiʊ]
sessenta e um	sextioett	['sɛkstiʊˌɛt]

sessenta e dois	sextiotvå	['sɛkstiʊˌtvoː]
sessenta e três	sextiotre	['sɛkstiʊˌtreː]
setenta	sjuttio	['ɧuttiʊ]
setenta e um	sjuttioett	['ɧuttiʊˌɛt]
setenta e dois	sjuttiotvå	['ɧuttiʊˌtvoː]
setenta e três	sjuttiotre	['ɧuttiʊˌtreː]
oitenta	åttio	['ottiʊ]
oitenta e um	åttioett	['ottiʊ'ɛt]
oitenta e dois	åttiotvå	['ottiʊˌtvoː]
oitenta e três	åttiotre	['ottiʊˌtreː]
noventa	nittio	['nittiʊ]
noventa e um	nittioett	['nittiʊˌɛt]
noventa e dois	nittiotvå	['nittiʊˌtvoː]
noventa e três	nittiotre	['nittiʊˌtreː]

8. Números cardinais. Parte 2

cem	hundra (ett)	['hundra]
duzentos	tvåhundra	['tvoːˌhundra]
trezentos	trehundra	['treˌhundra]
quatrocentos	fyrahundra	['fyraˌhundra]
quinhentos	femhundra	['femˌhundra]
seiscentos	sexhundra	['sɛksˌhundra]
setecentos	sjuhundra	['ɧʉːˌhundra]
oitocentos	åttahundra	['otaˌhundra]
novecentos	niohundra	['niʊˌhundra]
mil	tusen (ett)	['tʉːsən]
dois mil	tvåtusen	['tvoːˌtʉːsən]
três mil	tretusen	['treːˌtʉːsən]
dez mil	tiotusen	['tiːʊˌtʉːsən]
cem mil	hundratusen	['hundraˌtʉːsən]
um milhão	miljon (en)	[mi'ljʊn]
um bilhão	miljard (en)	[mi'ljaːɖ]

9. Números ordinais

primeiro (adj)	första	['fœːʂta]
segundo (adj)	andra	['andra]
terceiro (adj)	tredje	['trɛdjə]
quarto (adj)	fjärde	['fjæːɖə]
quinto (adj)	femte	['fɛmtə]
sexto (adj)	sjätte	['ɧæːtə]
sétimo (adj)	sjunde	['ɧundə]
oitavo (adj)	åttonde	['ottɔndə]
nono (adj)	nionde	['niːˌʊndə]
décimo (adj)	tionde	['tiːˌɔndə]

CORES. UNIDADES DE MEDIDA

10. Cores

cor (f)	färg (en)	['fæ:rj]
tom (m)	nyans (en)	[ny'ans]
tonalidade (m)	färgton (en)	['fæ:rj‚tυn]
arco-íris (m)	regnbåge (en)	['rεgn‚bo:gə]
branco (adj)	vit	['vit]
preto (adj)	svart	['sva:t]
cinza (adj)	grå	['gro:]
verde (adj)	grön	['grø:n]
amarelo (adj)	gul	['gʉ:lʲ]
vermelho (adj)	röd	['rø:d]
azul (adj)	blå	['blʲo:]
azul claro (adj)	ljusblå	['jʉ:s‚blʲo:]
rosa (adj)	rosa	['rɔsa]
laranja (adj)	orange	[ɔ'ranʃ]
violeta (adj)	violett	[viʊ'lʲet]
marrom (adj)	brun	['brʉ:n]
dourado (adj)	guld-	['gulʲd-]
prateado (adj)	silver-	['silʲvər-]
bege (adj)	beige	['bεʃ]
creme (adj)	cremefärgad	['krε:m‚fæ:rjad]
turquesa (adj)	turkos	[tur'ko:s]
vermelho cereja (adj)	körsbärsröd	['çø:‚sbæ:ş‚rø:d]
lilás (adj)	lila	['lilʲa]
carmim (adj)	karmosinröd	[kar'mosin‚rø:d]
claro (adj)	ljus	['jʉ:s]
escuro (adj)	mörk	['mœ:rk]
vivo (adj)	klar	['klʲar]
de cor	färg-	['ˈfæ:rj-]
a cores	färg-	['fæ:rj-]
preto e branco (adj)	svartvit	['sva:t‚vit]
unicolor (de uma só cor)	enfärgad	['εn‚fæ:rjad]
multicolor (adj)	mångfärgad	['mɔŋ‚fæ:rjad]

11. Unidades de medida

peso (m)	vikt (en)	['vikt]
comprimento (m)	längd (en)	[lʲεŋd]

largura (f)	bredd (en)	['brɛd]
altura (f)	höjd (en)	['hœjd]
profundidade (f)	djup (ett)	['jʉ:p]
volume (m)	volym (en)	[vɔ'lʲym]
área (f)	yta, areal (en)	['yta], [are'alʲ]

grama (m)	gram (ett)	['gram]
miligrama (m)	milligram (ett)	['mili,gram]
quilograma (m)	kilogram (ett)	[çilʲɔ'gram]
tonelada (f)	ton (en)	['tʊn]
libra (453,6 gramas)	skålpund (ett)	['sko:lʲ,pund]
onça (f)	uns (ett)	['uns]

metro (m)	meter (en)	['metər]
milímetro (m)	millimeter (en)	['mili,metər]
centímetro (m)	centimeter (en)	[sɛnti'metər]
quilômetro (m)	kilometer (en)	[çilʲɔ'metər]
milha (f)	mil (en)	['milʲ]

polegada (f)	tum (en)	['tum]
pé (304,74 mm)	fot (en)	['fʊt]
jarda (914,383 mm)	yard (en)	['ja:d]

| metro (m) quadrado | kvadratmeter (en) | [kva'drat,metər] |
| hectare (m) | hektar (ett) | [hɛk'tar] |

litro (m)	liter (en)	['litər]
grau (m)	grad (en)	['grad]
volt (m)	volt (en)	['vɔlʲt]
ampère (m)	ampere (en)	[am'pɛr]
cavalo (m) de potência	hästkraft (en)	['hɛst,kraft]

quantidade (f)	mängd, kvantitet (en)	['mɛŋt], [kwanti'tet]
um pouco de ...	få ..., inte många ...	['fo: ...], ['intə 'mɔŋa ...]
metade (f)	hälft (en)	['hɛlʲft]
dúzia (f)	dussin (ett)	['dusin]
peça (f)	stycke (ett)	['stʏkə]

| tamanho (m), dimensão (f) | storlek (en) | ['stʊ:lʲek] |
| escala (f) | skala (en) | ['skalʲa] |

mínimo (adj)	minimal	[mini'malʲ]
menor, mais pequeno	minst	['minst]
médio (adj)	medel	['medəlʲ]
máximo (adj)	maximal	[maksi'malʲ]
maior, mais grande	störst	['stø:ʂt]

12. Recipientes

pote (m) de vidro	glasburk (en)	['glʲas,burk]
lata (~ de cerveja)	burk (en)	['burk]
balde (m)	hink (en)	['hiŋk]
barril (m)	tunna (en)	['tuna]
bacia (~ de plástico)	tvättfat (ett)	['tvæt,fat]

tanque (m)	tank (en)	['taŋk]
cantil (m) de bolso	plunta, fickflaska (en)	['plʉnta], ['fik‚flʲaska]
galão (m) de gasolina	dunk (en)	['du:ŋk]
cisterna (f)	tank (en)	['taŋk]
caneca (f)	mugg (en)	['mug]
xícara (f)	kopp (en)	['kop]
pires (m)	tefat (ett)	['te‚fat]
copo (m)	glas (ett)	['glʲas]
taça (f) de vinho	vinglas (ett)	['vin‚glʲas]
panela (f)	kastrull, gryta (en)	[ka'strulʲ], ['gryta]
garrafa (f)	flaska (en)	['flʲaska]
gargalo (m)	flaskhals (en)	['flʲask‚halʲs]
jarra (f)	karaff (en)	[ka'raf]
jarro (m)	kanna (en) med handtag	['kana me 'han‚tag]
recipiente (m)	behållare (en)	[be'ho:[ʲarə]
pote (m)	kruka (en)	['krʉka]
vaso (m)	vas (en)	['vas]
frasco (~ de perfume)	flakong (en)	[flʲa'kɔŋ]
frasquinho (m)	flaska (en)	['flʲaska]
tubo (m)	tub (en)	['tʉ:b]
saco (ex. ~ de açúcar)	säck (en)	['sɛk]
sacola (~ plastica)	påse (en)	['po:sə]
maço (de cigarros, etc.)	paket (ett)	[pa'ket]
caixa (~ de sapatos, etc.)	ask (en)	['ask]
caixote (~ de madeira)	låda (en)	['lʲo:da]
cesto (m)	korg (en)	['kɔrj]

VERBOS PRINCIPAIS

13. Os verbos mais importantes. Parte 1

abrir (vt)	att öppna	[at 'øpna]
acabar, terminar (vt)	att sluta	[at 'slɯ:ta]
aconselhar (vt)	att råda	[at 'ro:da]
adivinhar (vt)	att gissa	[at 'jisa]
advertir (vt)	att varna	[at 'va:ɳa]
ajudar (vt)	att hjälpa	[at 'jɛlʲpa]
almoçar (vi)	att äta lunch	[at 'ɛ:ta ˌlɯnɕ]
alugar (~ um apartamento)	att hyra	[at 'hyra]
amar (pessoa)	att älska	[at 'ɛlʲska]
ameaçar (vt)	att hota	[at 'hʊta]
anotar (escrever)	att skriva ner	[at 'skriva ner]
apressar-se (vr)	att skynda sig	[at 'ɧʏnda sɛj]
arrepender-se (vr)	att beklaga	[at be'klʲaga]
assinar (vt)	att underteckna	[at 'ʊndəˌtɛkna]
brincar (vi)	att skämta, att skoja	[at 'ɧɛmta], [at 'skɔja]
brincar, jogar (vi, vt)	att leka	[at 'lʲeka]
buscar (vt)	att söka ...	[at 'sø:ka ...]
caçar (vi)	att jaga	[at 'jaga]
cair (vi)	att falla	[at 'falʲa]
cavar (vt)	att gräva	[at 'grɛ:va]
chamar (~ por socorro)	att tillkalla	[at 'tilʲˌkalʲa]
chegar (vi)	att ankomma	[at 'aŋˌkɔma]
chorar (vi)	att gråta	[at 'gro:ta]
começar (vt)	att begynna	[at be'jina]
comparar (vt)	att jämföra	[at 'jɛmˌføra]
concordar (dizer "sim")	att samtycka	[at 'samˌtʏka]
confiar (vt)	att lita på	[at 'lita pɔ]
confundir (equivocar-se)	att förväxla	[at før'vɛkslʲa]
conhecer (vt)	att känna	[at 'ɕɛna]
contar (fazer contas)	att räkna	[at 'rɛkna]
contar com ...	att räkna med ...	[at 'rɛkna me ...]
continuar (vt)	att fortsätta	[at 'fʊtˌsæta]
controlar (vt)	att kontrollera	[at kɔntrɔ'lʲera]
convidar (vt)	att inbjuda, att invitera	[at in'bjɯ:da], [at invi'tera]
correr (vi)	att löpa, att springa	[at 'lʲø:pa], [at 'spriŋa]
criar (vt)	att skapa	[at 'skapa]
custar (vt)	att kosta	[at 'kɔsta]

14. Os verbos mais importantes. Parte 2

dar (vt)	att ge	[at je:]
dar uma dica	att ge en vink	[at je: en 'viŋk]
decorar (enfeitar)	att pryda	[at 'pryda]
defender (vt)	att försvara	[at fœ:'şvara]
deixar cair (vt)	att tappa	[at 'tapa]

descer (para baixo)	att gå ned	[at 'go: ˌned]
desculpar (vt)	att ursäkta	[at 'ʉ:ˌşɛkta]
desculpar-se (vr)	att ursäkta sig	[at 'ʉ:ˌşɛkta sɛj]
dirigir (~ uma empresa)	att styra, att leda	[at 'styra], [at 'lʲeda]
discutir (notícias, etc.)	att diskutera	[at diskʉ'tera]

disparar, atirar (vi)	att skjuta	[at 'ʃʉ:ta]
dizer (vt)	att säga	[at 'sɛːja]
duvidar (vt)	att tvivla	[at 'tvivlʲa]
encontrar (achar)	att finna	[at 'fina]
enganar (vt)	att fuska	[at 'fʉska]

entender (vt)	att förstå	[at fœ:'şto:]
entrar (na sala, etc.)	att komma in	[at 'kɔma 'in]
enviar (uma carta)	att skicka	[at 'ʃika]
errar (enganar-se)	att göra fel	[at 'jø:ra ˌfelʲ]
escolher (vt)	att välja	[at 'vɛlja]

esconder (vt)	att gömma	[at 'jœma]
escrever (vt)	att skriva	[at 'skriva]
esperar (aguardar)	att vänta	[at 'vɛnta]
esperar (ter esperança)	att hoppas	[at 'hɔpas]
esquecer (vt)	att glömma	[at 'glʲœma]

estudar (vt)	att studera	[at stu'dera]
exigir (vt)	att kräva	[at 'krɛːva]
existir (vi)	att existera	[at ɛksi'stera]
explicar (vt)	att förklara	[at før'klʲara]

falar (vi)	att tala	[at 'talʲa]
faltar (a la escuela, etc.)	att missa	[at 'misa]
fazer (vt)	att göra	[at 'jø:ra]
ficar em silêncio	att tiga	[at 'tiga]
gabar-se (vr)	att skryta	[at 'skryta]

gostar (apreciar)	att gilla	[at 'jilʲa]
gritar (vi)	att skrika	[at 'skrika]
guardar (fotos, etc.)	att behålla	[at be'ho:lʲa]

informar (vt)	att informera	[at infor'mera]
insistir (vi)	att insistera	[at insi'stera]

insultar (vt)	att förolämpa	[at 'førʊˌlʲɛmpa]
interessar-se (vr)	att intressera sig	[at intrɛ'sera sɛj]
ir (a pé)	att gå	[at 'go:]
ir nadar	att bada	[at 'bada]
jantar (vi)	att äta kvällsmat	[at 'ɛːta 'kvɛlʲsˌmat]

15. Os verbos mais importantes. Parte 3

ler (vt)	att läsa	[at 'lɛ:sa]
libertar, liberar (vt)	att befria	[at be'fria]
matar (vt)	att döda, att mörda	[at 'dø:da], [at 'mø:d̪a]
mencionar (vt)	att omnämna	[at 'ɔmˌnɛmna]
mostrar (vt)	att visa	[at 'visa]

mudar (modificar)	att ändra	[at 'ɛndra]
nadar (vi)	att simma	[at 'sima]
negar-se a ... (vr)	att vägra	[at 'vɛgra]
objetar (vt)	att invända	[at 'inˌvɛnda]

observar (vt)	att observera	[at ɔbsɛr'vera]
ordenar (mil.)	att beordra	[at be'o:d̪ra]
ouvir (vt)	att höra	[at 'hø:ra]
pagar (vt)	att betala	[at be'talʲa]
parar (vi)	att stanna	[at 'stana]

parar, cessar (vt)	att sluta	[at 'slɵ:ta]
participar (vi)	att delta	[at 'dɛlʲta]
pedir (comida, etc.)	att beställa	[at be'stɛlʲa]
pedir (um favor, etc.)	att be	[at 'be:]
pegar (tomar)	att ta	[at ta]

pegar (uma bola)	att fånga	[at 'fɔŋa]
pensar (vi, vt)	att tänka	[at 'tɛŋka]
perceber (ver)	att märka	[at 'mæ:rka]
perdoar (vt)	att förlåta	[at 'fœ:ˌlʲo:ta]
perguntar (vt)	att fråga	[at 'fro:ga]

permitir (vt)	att tillåta	[at 'tilʲo:ta]
pertencer a ... (vi)	att tillhöra ...	[at 'tilʲˌhø:ra ...]
planejar (vt)	att planera	[at plʲa'nera]
poder (~ fazer algo)	att kunna	[at 'kuna]
possuir (uma casa, etc.)	att besitta, att äga	[at be'sita], [at 'ɛ:ga]

preferir (vt)	att föredra	[at 'førədra]
preparar (vt)	att laga	[at 'lʲaga]
prever (vt)	att förutse	[at 'førɵtˌsə]
prometer (vt)	att lova	[at 'lʲova]
pronunciar (vt)	att uttala	[at 'ɵtˌtalʲa]

propor (vt)	att föreslå	[at 'førəˌslʲo:]
punir (castigar)	att straffa	[at 'strafa]
quebrar (vt)	att bryta	[at 'bryta]
queixar-se de ...	att klaga	[at 'klʲaga]
querer (desejar)	att vilja	[at 'vilja]

16. Os verbos mais importantes. Parte 4

ralhar, repreender (vt)	att skälla	[at 'ɧɛlʲa]
recomendar (vt)	att rekommendera	[at rekɔmən'dera]

repetir (dizer outra vez)	att upprepa	[at 'uprepa]
reservar (~ um quarto)	att reservera	[at resɛr'vera]
responder (vt)	att svara	[at 'svara]
rezar, orar (vi)	att be	[at 'be:]
rir (vi)	att skratta	[at 'skrata]
roubar (vt)	att stjäla	[at 'ɧɛ:lʲa]
saber (vt)	att veta	[at 'veta]
sair (~ de casa)	att gå ut	[at 'go: ʉt]
salvar (resgatar)	att rädda	[at 'rɛda]
seguir (~ alguém)	att följa efter ...	[at 'følja 'ɛftər ...]
sentar-se (vr)	att sätta sig	[at 'sæta sɛj]
ser necessário	att vara behövd	[at 'vara be'hø:vd]
ser, estar	att vara	[at 'vara]
significar (vt)	att betyda	[at be'tyda]
sorrir (vi)	att småle	[at 'smo:lʲe]
subestimar (vt)	att underskatta	[at 'undəˌskata]
surpreender-se (vr)	att bli förvånad	[at bli før'vo:nad]
tentar (~ fazer)	att pröva	[at 'prø:va]
ter (vt)	att ha	[at 'ha]
ter fome	att vara hungrig	[at 'vara 'huŋrig]
ter medo	att frukta	[at 'frʉkta]
ter sede	att vara törstig	[at 'vara 'tø:ʂtig]
tocar (com as mãos)	att röra	[at 'rø:ra]
tomar café da manhã	att äta frukost	[at 'ɛ:ta 'frʉ:kɔst]
trabalhar (vi)	att arbeta	[at 'arˌbeta]
traduzir (vt)	att översätta	[at 'ø:vəˌsæta]
unir (vt)	att förena	[at 'førena]
vender (vt)	att sälja	[at 'sɛlja]
ver (vt)	att se	[at 'se:]
virar (~ para a direita)	att svänga	[at 'svɛŋa]
voar (vi)	att flyga	[at 'flʲyga]

TEMPO. CALENDÁRIO

17. Dias da semana

segunda-feira (f)	måndag (en)	['mɔn,dag]
terça-feira (f)	tisdag (en)	['tis,dag]
quarta-feira (f)	onsdag (en)	['ʊns,dag]
quinta-feira (f)	torsdag (en)	['tʊ:ʂ,dag]
sexta-feira (f)	fredag (en)	['fre,dag]
sábado (m)	lördag (en)	['lʲø:dag]
domingo (m)	söndag (en)	['sœn,dag]

hoje	i dag	[i 'dag]
amanhã	i morgon	[i 'mɔrgɔn]
depois de amanhã	i övermorgon	[i 'ø:və,mɔrgɔn]
ontem	i går	[i 'gɔ:r]
anteontem	i förrgår	[i 'fœ:r,gɔ:r]

dia (m)	dag (en)	['dag]
dia (m) de trabalho	arbetsdag (en)	['arbets,dag]
feriado (m)	helgdag (en)	['hɛlj,dag]
dia (m) de folga	ledig dag (en)	['lʲedig ,dag]
fim (m) de semana	helg, veckohelg (en)	[hɛlj], ['vɛkɔ,hɛlj]

o dia todo	hela dagen	['helʲa 'dagən]
no dia seguinte	nästa dag	['nɛsta ,dag]
há dois dias	för två dagar sedan	[før ,tvo: 'dagar 'sedan]
na véspera	dagen innan	['dagən 'inan]
diário (adj)	daglig	['daglig]
todos os dias	varje dag	['varjə dag]

semana (f)	vecka (en)	['vɛka]
na semana passada	förra veckan	['fœ:ra 'vɛkan]
semana que vem	i nästa vecka	[i 'nɛsta 'vɛka]
semanal (adj)	vecko-	['vɛkɔ-]
toda semana	varje vecka	['varjə 'vɛka]
duas vezes por semana	två gånger i veckan	[tvo: 'gɔɳar i 'vɛkan]
toda terça-feira	varje tisdag	['varjə ,tisdag]

18. Horas. Dia e noite

manhã (f)	morgon (en)	['mɔrgɔn]
de manhã	på morgonen	[pɔ 'mɔrgɔnən]
meio-dia (m)	middag (en)	['mid,dag]
à tarde	på eftermiddagen	[pɔ 'ɛftə,midagən]

tardinha (f)	kväll (en)	[kvɛlʲ]
à tardinha	på kvällen	[pɔ 'kvɛlʲen]

noite (f)	natt (en)	['nat]
à noite	om natten	[ɔm 'natən]
meia-noite (f)	midnatt (en)	['mid͵nat]

segundo (m)	sekund (en)	[se'kund]
minuto (m)	minut (en)	[mi'nʉ:t]
hora (f)	timme (en)	['timə]
meia hora (f)	halvtimme (en)	['halʲv͵timə]
quarto (m) de hora	kvart (en)	['kva:t]
quinze minutos	femton minuter	['fɛmtɔn mi'nʉ:tər]
vinte e quatro horas	dygn (ett)	['dɤgn]

nascer (m) do sol	soluppgång (en)	['sʊlʲ ͵up'gɔŋ]
amanhecer (m)	gryning (en)	['gryniŋ]
madrugada (f)	tidig morgon (en)	['tidig 'mɔrgɔn]
pôr-do-sol (m)	solnedgång (en)	['sʊlʲ 'ned͵gɔŋ]

de madrugada	tidigt på morgonen	['tidit pɔ 'mɔrgɔnən]
esta manhã	i morse	[i 'mɔ:ʂə]
amanhã de manhã	i morgon bitti	[i 'mɔrgɔn 'biti]

esta tarde	i eftermiddag	[i 'ɛftə͵midag]
à tarde	på eftermiddagen	[pɔ 'ɛftə͵midagən]
amanhã à tarde	i morgon eftermiddag	[i 'mɔrgɔn 'ɛftə͵midag]

| esta noite, hoje à noite | i kväll | [i 'kvɛlʲ] |
| amanhã à noite | i morgon kväll | [i 'mɔrgɔn 'kvɛlʲ] |

às três horas em ponto	precis klockan tre	[prɛ'sis 'klʲɔkan tre:]
por volta das quatro	vid fyratiden	[vid 'fyra͵tidən]
às doze	vid klockan tolv	[vid 'klʲɔkan 'tɔlʲv]

em vinte minutos	om tjugo minuter	[ɔm 'ɕʉgɔ mi'nʉ:tər]
em uma hora	om en timme	[ɔm en 'timə]
a tempo	i tid	[i 'tid]

... um quarto para	kvart i ...	['kva:ʈ i ...]
dentro de uma hora	inom en timme	['inɔm en 'timə]
a cada quinze minutos	varje kvart	['varjə kva:t]
as vinte e quatro horas	dygnet runt	['dɤngnet ͵runt]

19. Meses. Estações

janeiro (m)	januari	['janu͵ari]
fevereiro (m)	februari	[fɛbrʉ'ari]
março (m)	mars	['ma:ʂ]
abril (m)	april	[a'prilʲ]
maio (m)	maj	['maj]
junho (m)	juni	['ju:ni]

julho (m)	juli	['ju:li]
agosto (m)	augusti	[au'gusti]
setembro (m)	september	[sɛp'tɛmbər]
outubro (m)	oktober	[ɔk'tʊbər]

| novembro (m) | november | [nɔ'vɛmbər] |
| dezembro (m) | december | [de'sɛmbər] |

primavera (f)	vår (en)	['vo:r]
na primavera	på våren	[pɔ 'vo:rən]
primaveril (adj)	vår-	['vo:r-]

verão (m)	sommar (en)	['sɔmar]
no verão	på sommaren	[pɔ 'sɔmarən]
de verão	sommar-	['sɔmar-]

outono (m)	höst (en)	['høst]
no outono	på hösten	[pɔ 'høstən]
outonal (adj)	höst-	['høst-]

inverno (m)	vinter (en)	['vintər]
no inverno	på vintern	[pɔ 'vintərn]
de inverno	vinter-	['vintər-]

mês (m)	månad (en)	['mo:nad]
este mês	den här månaden	[dɛn hæ:r 'mo:nadən]
mês que vem	nästa månad	['nɛsta 'mo:nad]
no mês passado	förra månaden	['fœ:ra 'mo:nadən]

um mês atrás	för en månad sedan	['før en 'mo:nad 'sedan]
em um mês	om en månad	[ɔm en 'mo:nad]
em dois meses	om två månader	[ɔm tvo: 'mo:nadər]
todo o mês	en hel månad	[en helʲ 'mo:nad]
um mês inteiro	hela månaden	['helʲa 'mo:nadən]

mensal (adj)	månatlig	[mo'natlig]
mensalmente	månatligen	[mo'natligən]
todo mês	varje månad	['varjə ˌmo:nad]
duas vezes por mês	två gånger i månaden	[tvo: 'gɔŋər i 'mo:nadən]

ano (m)	år (ett)	['o:r]
este ano	i år	[i 'o:r]
ano que vem	nästa år	['nɛsta ˌo:r]
no ano passado	i fjol, förra året	[i 'fjʊlʲ], ['fœ:ra 'o:ret]

há um ano	för ett år sedan	['før et 'o:r 'sedan]
em um ano	om ett år	[ɔm et 'o:r]
dentro de dois anos	om två år	[ɔm tvo 'o:r]
todo o ano	ett helt år	[ɛt helʲt 'o:r]
um ano inteiro	hela året	['helʲa 'o:ret]

cada ano	varje år	['varjə 'o:r]
anual (adj)	årlig	['o:lʲig]
anualmente	årligen	['o:lʲigən]
quatro vezes por ano	fyra gånger om året	['fyra 'gɔŋər ɔm 'o:ret]

data (~ de hoje)	datum (ett)	['datum]
data (ex. ~ de nascimento)	datum (ett)	['datum]
calendário (m)	almanacka (en)	['alʲmanaka]
meio ano	halvår (ett)	['halʲvˌo:r]
seis meses	halvår (ett)	['halʲvˌo:r]

estação (f)	**årstid (en)**	['oːʂˌtid]
século (m)	**sekel (ett)**	['sekəlʲ]

VIAGENS. HOTEL

20. Viagens

turismo (m)	turism (en)	[tu'rism]
turista (m)	turist (en)	[tu'rist]
viagem (f)	resa (en)	['resa]
aventura (f)	äventyr (ett)	['ɛ:vɛn̩tyr]
percurso (curta viagem)	tripp (en)	['trip]
férias (f pl)	semester (en)	[se'mɛstər]
estar de férias	att ha semester	[at ha se'mɛstər]
descanso (m)	uppehåll (ett), vila (en)	['upə'ho:lʲ], ['vilʲa]
trem (m)	tåg (ett)	['to:g]
de trem (chegar ~)	med tåg	[me 'to:g]
avião (m)	flygplan (ett)	['flʲygplʲan]
de avião	med flygplan	[me 'flʲygplʲan]
de carro	med bil	[me 'bilʲ]
de navio	med båt	[me 'bo:t]
bagagem (f)	bagage (ett)	[ba'ga:ʃ]
mala (f)	resväska (en)	['rɛs̩vɛska]
carrinho (m)	bagagevagn (en)	[ba'ga:ʃ̩vagn]
passaporte (m)	pass (ett)	['pas]
visto (m)	visum (ett)	['vi:sum]
passagem (f)	biljett (en)	[bi'lʲet]
passagem (f) aérea	flygbiljett (en)	['flʲyg bi̩lʲet]
guia (m) de viagem	reseguidebok (en)	['rese̩gajdbʊk]
mapa (m)	karta (en)	['ka:ʈa]
área (f)	område (ett)	['ɔm̩ro:də]
lugar (m)	plats (en)	['plʲats]
exotismo (m)	(det) exotiska	[ɛ'ksɔtiska]
exótico (adj)	exotisk	[ɛk'sɔtisk]
surpreendente (adj)	förunderlig	[fø'rundelig]
grupo (m)	grupp (en)	['grup]
excursão (f)	utflykt (en)	['ʉt̩flʲykt]
guia (m)	guide (en)	['gajd]

21. Hotel

hotel (m)	hotell (ett)	[hʊ'tɛlʲ]
motel (m)	motell (ett)	[mʊ'tɛlʲ]
três estrelas	trestjärnigt	['tre̩ɧæ:ɳit]

| cinco estrelas | femstjärnigt | [fɛmˌɧæːɳit] |
| ficar (vi, vt) | att bo | [at 'buː] |

quarto (m)	rum (ett)	['ruːm]
quarto (m) individual	enkelrum (ett)	['ɛŋkəlʲˌruːm]
quarto (m) duplo	dubbelrum (ett)	['dubəlʲˌruːm]
reservar um quarto	att boka rum	[at 'buka 'ruːm]

| meia pensão (f) | halvpension (en) | ['halʲvˌpanˈɧʊn] |
| pensão (f) completa | helpension (en) | ['helʲˌpanˈɧʊn] |

com banheira	med badkar	[me 'badˌkar]
com chuveiro	med dusch	[me 'duʃ]
televisão (m) por satélite	satellit-TV (en)	[satɛ'liːt 'teve]
ar (m) condicionado	luftkonditionerare (en)	['lʉftˌkondiɧʊ'nerarə]
toalha (f)	handduk (en)	['handˌdʉːk]
chave (f)	nyckel (en)	['nʏkəlʲ]

administrador (m)	administratör (en)	[administra'tør]
camareira (f)	städerska (en)	['stɛːdɛʂka]
bagageiro (m)	bärare (en)	['bæːrarə]
porteiro (m)	portier (en)	[pɔːˈtʲeː]

restaurante (m)	restaurang (en)	[rɛstɔ'raŋ]
bar (m)	bar (en)	['bar]
café (m) da manhã	frukost (en)	['frʉːkɔst]
jantar (m)	kvällsmat (en)	['kvɛlʲsˌmat]
bufê (m)	buffet (en)	[bu'fet]

| saguão (m) | lobby (en) | ['lʲɔbi] |
| elevador (m) | hiss (en) | ['his] |

| NÃO PERTURBE | STÖR EJ! | ['støːr ɛj] |
| PROIBIDO FUMAR! | RÖKNING FÖRBJUDEN | ['rœkniŋ førˈbjʉːdən] |

22. Turismo

monumento (m)	monument (ett)	[mɔnu'mɛnt]
fortaleza (f)	fästning (en)	['fɛstniŋ]
palácio (m)	palats (ett)	[pa'lʲats]
castelo (m)	borg (en)	['bɔrj]
torre (f)	torn (ett)	['tʉːɳ]
mausoléu (m)	mausoleum (ett)	[maʊsʉ'lʲeum]

arquitetura (f)	arkitektur (en)	[arkitɛk'tʉːr]
medieval (adj)	medeltida	['medəlʲˌtida]
antigo (adj)	gammal	['gamalʲ]
nacional (adj)	nationell	[natɧʊ'nɛlʲ]
famoso, conhecido (adj)	berömd	[be'rœmd]

turista (m)	turist (en)	[tu'rist]
guia (pessoa)	guide (en)	['gajd]
excursão (f)	utflykt (en)	['ʉtˌflʲykt]
mostrar (vt)	att visa	[at 'visa]

contar (vt)	att berätta	[at be'ræta]
encontrar (vt)	att hitta	[at 'hita]
perder-se (vr)	att gå vilse	[at 'go: 'vilˈsə]
mapa (~ do metrô)	karta (en)	['kaːʈa]
mapa (~ da cidade)	karta (en)	['kaːʈa]

lembrança (f), presente (m)	souvenir (en)	[suvɛ'niːr]
loja (f) de presentes	souvenirbutik (en)	[suvɛ'niːr bu'tik]
tirar fotos, fotografar	att fotografera	[at fʊtʊgra'fera]
fotografar-se (vr)	att bli fotograferad	[at bli fʊtʊgra'ferad]

TRANSPORTES

23. Aeroporto

aeroporto (m)	flygplats (en)	['flʲyg,plʲaʦ]
avião (m)	flygplan (ett)	['flʲygplʲan]
companhia (f) aérea	flygbolag (ett)	['flʲyg,bulʲag]
controlador (m) de tráfego aéreo	flygledare (en)	['flʲyg,lʲedarə]

partida (f)	avgång (en)	['av,gɔŋ]
chegada (f)	ankomst (en)	['aŋ,kɔmst]
chegar (vi)	att ankomma	[at 'aŋ,kɔma]

hora (f) de partida	avgångstid (en)	['avgɔŋs,tid]
hora (f) de chegada	ankomsttid (en)	['aŋkɔmst,tid]

estar atrasado	att bli försenad	[at bli fœ:'ʂɛnad]
atraso (m) de voo	avgångsförsening (en)	['avgɔŋs,fœ:'ʂɛniŋ]

painel (m) de informação	informationstavla (en)	[informa'ɧuns,tavlʲa]
informação (f)	information (en)	[informa'ɧun]
anunciar (vt)	att meddela	[at 'me,delʲa]
voo (m)	flyg (ett)	['flʲyg]

alfândega (f)	tull (en)	['tulʲ]
funcionário (m) da alfândega	tulltjänsteman (en)	['tulʲ 'ɕɛnstə,man]

declaração (f) alfandegária	tulldeklaration (en)	['tulʲ,dɛklʲara'ɧun]
preencher (vt)	att fylla i	[at 'fylʲa 'i]
preencher a declaração	att fylla i en tulldeklaration	[at 'fylʲa i en 'tulʲ,dɛklʲara'ɧun]
controle (m) de passaporte	passkontroll (en)	['paskɔn,trolʲ]

bagagem (f)	bagage (ett)	[ba'ga:ʃ]
bagagem (f) de mão	handbagage (ett)	['hand ba,ga:ʃ]
carrinho (m)	bagagevagn (en)	[ba'ga:ʃ ,vagn]

pouso (m)	landning (en)	['lʲandniŋ]
pista (f) de pouso	landningsbana (en)	['lʲandniŋs,bana]
aterrissar (vi)	att landa	[at 'lʲanda]
escada (f) de avião	trappa (en)	['trapa]

check-in (m)	incheckning (en)	['in,ɕɛkniŋ]
balcão (m) do check-in	incheckningsdisk (en)	['in,ɕɛkniŋs 'disk]
fazer o check-in	att checka in	[at 'ɕɛka in]
cartão (m) de embarque	boardingkort (ett)	['bɔ:ɖiŋ,kɔ:t]
portão (m) de embarque	gate (en)	['gejt]

trânsito (m)	transit (en)	['transit]
esperar (vi, vt)	att vänta	[at 'vɛnta]

sala (f) de espera	väntsal (en)	['vɛntˌsalʲ]
despedir-se (acompanhar)	att vinka av	[at 'viŋka av]
despedir-se (dizer adeus)	att säga adjö	[at 'sɛ:ja a'jø:]

24. Avião

avião (m)	flygplan (ett)	['flʲygplʲan]
passagem (f) aérea	flygbiljett (en)	['flʲyg biˌlʲet]
companhia (f) aérea	flygbolag (ett)	['flʲygˌbulʲag]
aeroporto (m)	flygplats (en)	['flʲygˌplʲats]
supersônico (adj)	överljuds-	['ø:vərˌjɵ:ds-]

comandante (m) do avião	kapten (en)	[kap'ten]
tripulação (f)	besättning (en)	[be'sætniŋ]
piloto (m)	pilot (en)	[pi'lʲɵt]
aeromoça (f)	flygvärdinna (en)	['flʲygˌvæ:dina]
copiloto (m)	styrman (en)	['styrˌman]

asas (f pl)	vingar (pl)	['viŋar]
cauda (f)	stjärtfena (en)	['ɧæ:t fe:na]
cabine (f)	cockpit, förarkabin (en)	['kɔkpit], ['fø:rarˌka'bin]
motor (m)	motor (en)	['mutɵr]

| trem (m) de pouso | landningsställ (ett) | ['landniŋsˌstɛlʲ] |
| turbina (f) | turbin (en) | [tur'bin] |

| hélice (f) | propeller (en) | [prʊ'pɛlʲər] |
| caixa-preta (f) | svart låda (en) | ['sva:t 'lʲo:da] |

| coluna (f) de controle | styrspak (ett) | ['sty:ˌspak] |
| combustível (m) | bränsle (ett) | ['brɛnslʲe] |

instruções (f pl) de segurança	säkerhetsinstruktion (en)	['sɛ:kərhets instruk'ɧun]
máscara (f) de oxigênio	syremask (en)	['syreˌmask]
uniforme (m)	uniform (en)	[uni'fɔrm]

| colete (m) salva-vidas | räddningsväst (en) | ['rɛdniŋˌvɛst] |
| paraquedas (m) | fallskärm (en) | ['falʲˌɧæ:rm] |

decolagem (f)	start (en)	['sta:t]
descolar (vi)	att lyfta	[at 'lʲyfta]
pista (f) de decolagem	startbana (en)	['sta:tˌba:na]

| visibilidade (f) | siktbarhet (en) | ['siktbarˌhet] |
| voo (m) | flygning (en) | ['flʲygniŋ] |

| altura (f) | höjd (en) | ['hœjd] |
| poço (m) de ar | luftgrop (en) | ['lʲʊftˌgrʊp] |

assento (m)	plats (en)	['plʲats]
fone (m) de ouvido	hörlurar (pl)	['hœ:ˌlʲɵ:rar]
mesa (f) retrátil	utfällbart bord (ett)	['ʉtfɛlʲˌbart 'bʊ:d]
janela (f)	fönster (ett)	['fœnstər]
corredor (m)	mittgång (en)	['mitˌgɔŋ]

25. Comboio

trem (m)	tåg (ett)	['toːg]
trem (m) elétrico	lokaltåg, pendeltåg (ett)	[lˠoˈkalˠˌtoːg], ['pendəlˌtoːg],
trem (m)	expresståg (ett)	[ɛksˈprɛsˌtoːg]
locomotiva (f) diesel	diesellokomotiv (ett)	['disəlˠ lˠokomoˈtiv]
locomotiva (f) a vapor	ånglokomotiv (en)	['oŋˌlˠokomoˈtiv]
vagão (f) de passageiros	vagn (en)	['vagn]
vagão-restaurante (m)	restaurangvagn (en)	[rɛstoˈraŋˌvagn]
carris (m pl)	räls, rälsar (pl)	['rɛlˠs], ['rɛlˠsar]
estrada (f) de ferro	järnväg (en)	['jæːɳˌvɛːg]
travessa (f)	sliper (en)	['slˠipər]
plataforma (f)	perrong (en)	[pɛˈroŋ]
linha (f)	spår (ett)	['spoːr]
semáforo (m)	semafor (en)	[semaˈfor]
estação (f)	station (en)	[staˈɧʉn]
maquinista (m)	lokförare (en)	['lˠukˌføːrarə]
bagageiro (m)	bärare (en)	['bæːrarə]
hospedeiro, -a (m, f)	tågvärd (en)	['toːgˌvæːɖ]
passageiro (m)	passagerare (en)	[pasaˈɧerarə]
revisor (m)	kontrollant (en)	[kontroˈlˠant]
corredor (m)	korridor (en)	[koriˈdoːr]
freio (m) de emergência	nödbroms (en)	['nøːdˌbroms]
compartimento (m)	kupé (en)	[kʉˈpeː]
cama (f)	slaf, säng (en)	['slˠaf], ['sɛŋ]
cama (f) de cima	överslaf (en)	['øvəˌslˠaf]
cama (f) de baixo	underslaf (en)	['undəˌslˠaf]
roupa (f) de cama	sängkläder (pl)	['sɛŋˌklˠɛːdər]
passagem (f)	biljett (en)	[biˈlˠet]
horário (m)	tidtabell (en)	['tid taˈbɛlˠ]
painel (m) de informação	informationstavla (en)	[informaˈɧunsˌtavlˠa]
partir (vt)	att avgå	[at ˈavˌgoː]
partida (f)	avgång (en)	['avˌgoŋ]
chegar (vi)	att ankomma	[at ˈaŋˌkoma]
chegada (f)	ankomst (en)	['aŋˌkomst]
chegar de trem	att ankomma med tåget	[at ˈaŋˌkoma me ˈtoːgət]
pegar o trem	att stiga på tåget	[at ˈstiga po ˈtoːgət]
descer de trem	att stiga av tåget	[at ˈstiga av ˈtoːgət]
acidente (m) ferroviário	tågolycka (en)	['toːg ʊːˈlˠyka]
descarrilar (vi)	att spåra ur	[at ˈspoːra ʉːr]
locomotiva (f) a vapor	ånglokomotiv (en)	['oŋˌlˠokomoˈtiv]
foguista (m)	eldare (en)	['ɛlˠdarə]
fornalha (f)	eldstad (en)	['ɛlˠdˌstad]
carvão (m)	kol (ett)	['kolˠ]

26. Barco

navio (m)	skepp (ett)	['ɧɛp]
embarcação (f)	fartyg (ett)	['fɑːˌtyg]
barco (m) a vapor	ångbåt (en)	['ɔŋˌboːt]
barco (m) fluvial	flodbåt (en)	['flʲʊdˌboːt]
transatlântico (m)	kryssningfartyg (ett)	['krysniŋˌfaːˈtyg]
cruzeiro (m)	kryssare (en)	['krʏsarə]
iate (m)	jakt (en)	['jakt]
rebocador (m)	bogserbåt (en)	['bʊksɛːrˌboːt]
barcaça (f)	pråm (en)	['proːm]
ferry (m)	färja (en)	['fæːrja]
veleiro (m)	segelbåt (en)	['segəlʲˌboːt]
bergantim (m)	brigantin (en)	[brigan'tin]
quebra-gelo (m)	isbrytare (en)	['isˌbrytarə]
submarino (m)	ubåt (en)	[ʉːˈboːt]
bote, barco (m)	båt (en)	['boːt]
baleeira (bote salva-vidas)	jolle (en)	['jɔlʲe]
bote (m) salva-vidas	livbåt (en)	['livˌboːt]
lancha (f)	motorbåt (en)	['mʊtʊrˌboːt]
capitão (m)	kapten (en)	[kap'ten]
marinheiro (m)	matros (en)	[ma'trʊs]
marujo (m)	sjöman (en)	['ɧøːˌman]
tripulação (f)	besättning (en)	[be'sætniŋ]
contramestre (m)	båtsman (en)	['bɔtsman]
grumete (m)	jungman (en)	['jʉŋˌman]
cozinheiro (m) de bordo	kock (en)	['kɔk]
médico (m) de bordo	skeppsläkare (en)	['ɧɛpˌlʲɛːkarə]
convés (m)	däck (ett)	['dɛk]
mastro (m)	mast (en)	['mast]
vela (f)	segel (ett)	['segəlʲ]
porão (m)	lastrum (ett)	['lʲastˌruːm]
proa (f)	bog (en)	['bʊg]
popa (f)	akter (en)	['aktər]
remo (m)	åra (en)	['oːra]
hélice (f)	propeller (en)	[prʊ'pɛlʲər]
cabine (m)	hytt (en)	['hʏt]
sala (f) dos oficiais	officersmäss (en)	[ɔfi'seːrsˌmɛs]
sala (f) das máquinas	maskinrum (ett)	[ma'ɧiːnˌruːm]
ponte (m) de comando	kommandobrygga (en)	[kɔm'andʊˌbrʏga]
sala (f) de comunicações	radiohytt (en)	['radiʊˌhʏt]
onda (f)	våg (en)	['voːg]
diário (m) de bordo	loggbok (en)	['lʲɔgˌbʊk]
luneta (f)	tubkikare (en)	['tʉbˌɕikarə]
sino (m)	klocka (en)	['klʲɔka]

bandeira (f)	flagga (en)	['flˈaga]
cabo (m)	tross (en)	['trɔs]
nó (m)	knop, knut (en)	['knʊp], ['knʉt]

| corrimão (m) | räcken (pl) | ['rɛkən] |
| prancha (f) de embarque | landgång (en) | ['lˈandˌgɔŋ] |

âncora (f)	ankar (ett)	['aŋkar]
recolher a âncora	att lätta ankar	[at 'lˈæta 'aŋkar]
jogar a âncora	att kasta ankar	[at 'kasta 'aŋkar]
amarra (corrente de âncora)	ankarkätting (en)	['aŋkarˌçætiŋ]

porto (m)	hamn (en)	['hamn]
cais, amarradouro (m)	kaj (en)	['kaj]
atracar (vi)	att förtöja	[at fœ:'tœ:ja]
desatracar (vi)	att kasta loss	[at 'kasta 'lˈɔs]

viagem (f)	resa (en)	['resa]
cruzeiro (m)	kryssning (en)	['krʏsniŋ]
rumo (m)	kurs (en)	['ku:ʂ]
itinerário (m)	rutt (en)	['rut]

canal (m) de navegação	farled, segelled (en)	['fa:[led], ['segəlˌled]
banco (m) de areia	grund (ett)	['grʉnd]
encalhar (vt)	att gå på grund	[at 'go: pɔ 'grʉnd]

tempestade (f)	storm (en)	['stɔrm]
sinal (m)	signal (en)	[sig'nalˈ]
afundar-se (vr)	att sjunka	[at 'ɧʉŋka]
Homem ao mar!	Man överbord!	['man 'ø:vəˌbu:d]
SOS	SOS	[ɛso'ɛs]
boia (f) salva-vidas	livboj (en)	['livˌbɔj]

CIDADE

27. Transportes urbanos

ônibus (m)	buss (en)	['bus]
bonde (m) elétrico	spårvagn (en)	['spo:r‚vagn]
trólebus (m)	trådbuss (en)	['tro:d‚bus]
rota (f), itinerário (m)	rutt (en)	['rut]
número (m)	nummer (ett)	['numər]
ir de ... (carro, etc.)	att åka med ...	[at 'o:ka me ...]
entrar no ...	att stiga på ...	[at 'stiga pɔ ...]
descer do ...	att stiga av ...	[at 'stiga 'av ...]
parada (f)	hållplats (en)	['ho:lʲ‚plats]
próxima parada (f)	nästa hållplats (en)	['nɛsta 'hɔ:lʲ‚plats]
terminal (m)	slutstation (en)	['slʉt‚sta'ɧun]
horário (m)	tidtabell (en)	['tid ta'bɛlʲ]
esperar (vt)	att vänta	[at 'vɛnta]
passagem (f)	biljett (en)	[bi'lʲet]
tarifa (f)	biljettpris (ett)	[bi'lʲet‚pris]
bilheteiro (m)	kassör (en)	[ka'sø:r]
controle (m) de passagens	biljettkontroll (en)	[bi'lʲet kɔn'trolʲ]
revisor (m)	kontrollant (en)	[kɔntrɔ'lʲant]
atrasar-se (vr)	att komma för sent	[at 'kɔma før 'sɛnt]
perder (o autocarro, etc.)	att komma för sent till ...	[at 'kɔma før 'sɛnt tilʲ ...]
estar com pressa	att skynda sig	[at 'ɧʏnda sɛj]
táxi (m)	taxi (en)	['taksi]
taxista (m)	taxichaufför (en)	['taksi ɧɔ'fø:r]
de táxi (ir ~)	med taxi	[me 'taksi]
ponto (m) de táxis	taxihållplats (en)	['taksi 'hɔ:lʲ‚plʲats]
chamar um táxi	att ringa efter taxi	[at 'riŋa ‚ɛftə 'taksi]
pegar um táxi	att ta en taxi	[at ta en 'taksi]
tráfego (m)	trafik (en)	[tra'fik]
engarrafamento (m)	trafikstopp (ett)	[tra'fik‚stɔp]
horas (f pl) de pico	rusningstid (en)	['rusniŋs‚tid]
estacionar (vi)	att parkera	[at par'kera]
estacionar (vt)	att parkera	[at par'kera]
parque (m) de estacionamento	parkeringsplats (en)	[par'keriŋs‚plʲats]
metrô (m)	tunnelbana (en)	['tunəlʲ‚bana]
estação (f)	station (en)	[sta'ɧun]
ir de metrô	att ta tunnelbanan	[at ta 'tunəlʲ‚banan]
trem (m)	tåg (ett)	['to:g]
estação (f) de trem	tågstation (en)	['to:g‚sta'ɧun]

28. Cidade. Vida na cidade

cidade (f)	stad (en)	['stad]
capital (f)	huvudstad (en)	['hʉːvʉd,stad]
aldeia (f)	by (en)	['by]

mapa (m) da cidade	stadskarta (en)	['stads,kaːʈa]
centro (m) da cidade	centrum (ett)	['sɛntrum]
subúrbio (m)	förort (en)	['førˌʊːʈ]
suburbano (adj)	förorts-	['førˌʊːʈs-]

periferia (f)	utkant (en)	['ʉt,kant]
arredores (m pl)	omgivningar (pl)	['ɔmˌjiːvniŋar]
quarteirão (m)	kvarter (ett)	[kvaː'ʈər]
quarteirão (m) residencial	bostadskvarter (ett)	['bʊstads,kvaː'ʈər]

tráfego (m)	trafik (en)	[tra'fik]
semáforo (m)	trafikljus (ett)	[tra'fik,jʉːs]
transporte (m) público	offentlig transport (en)	[ɔ'fɛntli trans'pɔːʈ]
cruzamento (m)	korsning (en)	['kɔːʂniŋ]

faixa (f)	övergångsställe (ett)	['øːvergɔŋs,stɛlʲe]
túnel (m) subterrâneo	gångtunnel (en)	['gɔŋˌtunəlʲ]
cruzar, atravessar (vt)	att gå över	[at 'goː 'øːvər]
pedestre (m)	fotgängare (en)	['fʊtˌjenarə]
calçada (f)	trottoar (en)	[trɔtʉ'ar]

ponte (f)	bro (en)	['brʉ]
margem (f) do rio	kaj (en)	['kaj]
fonte (f)	fontän (en)	[fɔn'tɛn]

alameda (f)	allé (en)	[a'lʲeː]
parque (m)	park (en)	['park]
bulevar (m)	boulevard (en)	[bʉlʲe'vaːd]
praça (f)	torg (ett)	['tɔrj]
avenida (f)	aveny (en)	[ave'ny]
rua (f)	gata (en)	['gata]
travessa (f)	sidogata (en)	['sidʉ,gata]
beco (m) sem saída	återvändsgränd (en)	['oːtervɛns,grɛnd]

casa (f)	hus (ett)	['hʉs]
edifício, prédio (m)	byggnad (en)	['bʏgnad]
arranha-céu (m)	skyskrapa (en)	['ɧyˌskrapa]

fachada (f)	fasad (en)	[fa'sad]
telhado (m)	tak (ett)	['tak]
janela (f)	fönster (ett)	['fœnstər]
arco (m)	båge (en)	['boːgə]
coluna (f)	kolonn (en)	[kʉ'lʲɔn]
esquina (f)	knut (en)	['knʉt]

vitrine (f)	skyltfönster (ett)	['ɧylʲt,fœnstər]
letreiro (m)	skylt (en)	['ɧylʲt]
cartaz (do filme, etc.)	affisch (en)	[a'fiːʃ]
cartaz (m) publicitário	reklamplakat (ett)	[rɛ'klʲamˌplʲa'kat]

painel (m) publicitário	reklamskylt (en)	[rɛ'klʲamˌɧylʲt]
lixo (m)	sopor, avfall (ett)	['sʊpʊr], ['avfalʲ]
lata (f) de lixo	soptunna (en)	['sʊpˌtuna]
jogar lixo na rua	att skräpa ner	[at 'skrɛ:pa ner]
aterro (m) sanitário	soptipp (en)	['sʊpˌtip]

orelhão (m)	telefonkiosk (en)	[telʲe'fonˌɕøsk]
poste (m) de luz	lyktstolpe (en)	['lʲykˌstolʲpə]
banco (m)	bänk (ett)	['bɛŋk]

polícia (m)	polis (en)	[pʊ'lis]
polícia (instituição)	polis (en)	[pʊ'lis]
mendigo, pedinte (m)	tiggare (en)	['tigarə]
desabrigado (m)	hemlös (ett)	['hɛmlʲø:s]

29. Instituições urbanas

loja (f)	affär, butik (en)	[a'fæ:r], [bu'tik]
drogaria (f)	apotek (ett)	[apʊ'tek]
ótica (f)	optiker (en)	['ɔptikər]
centro (m) comercial	köpcenter (ett)	['ɕø:pˌsɛntɛr]
supermercado (m)	snabbköp (ett)	['snabˌɕø:p]

padaria (f)	bageri (ett)	[bage'ri:]
padeiro (m)	bagare (en)	['bagarə]
pastelaria (f)	konditori (ett)	[kond…itʊ'ri:]
mercearia (f)	speceriaffär (en)	[spese'ri a'fæ:r]
açougue (m)	slaktare butik (en)	['slʲaktarə bu'tik]

fruteira (f)	grönsakshandel (en)	['grø:naksˌhandəlʲ]
mercado (m)	marknad (en)	['marknad]

cafeteria (f)	kafé (ett)	[ka'fe:]
restaurante (m)	restaurang (en)	[rɛstʊ'raŋ]
bar (m)	pub (en)	['pub]
pizzaria (f)	pizzeria (en)	[pitse'ria]

salão (m) de cabeleireiro	frisersalong (en)	['frisər ʂaˌlʲɔŋ]
agência (f) dos correios	post (en)	['pɔst]
lavanderia (f)	kemtvätt (en)	['ɕemtvæt]
estúdio (m) fotográfico	fotoateljé (en)	['fʊtʊ atəˌlje:]

sapataria (f)	skoaffär (en)	['skʊ:aˌfæ:r]
livraria (f)	bokhandel (en)	['bʊkˌhandəlʲ]
loja (f) de artigos esportivos	sportaffär (en)	['spo:t a'fæ:r]

costureira (m)	klädreparationer (en)	['klʲɛd 'reparaˌɧʊnər]
aluguel (m) de roupa	kläduthyrning (en)	['klʲɛd ʉ'ty:rɳiŋ]
videolocadora (f)	filmuthyrning (en)	['filʲm ʉ'ty:rɳiŋ]

circo (m)	cirkus (en)	['sirkʉs]
jardim (m) zoológico	zoo (ett)	['sʊ:]
cinema (m)	biograf (en)	[biʊ'graf]
museu (m)	museum (ett)	[mʉ'seum]

biblioteca (f)	bibliotek (ett)	[biblɪʊ'tek]
teatro (m)	teater (en)	[te'atər]
ópera (f)	opera (en)	['ʊpera]
boate (casa noturna)	nattklubb (en)	['nat‚klʉb]
cassino (m)	kasino (ett)	[ka'sinʊ]
mesquita (f)	moské (en)	[mʊs'ke:]
sinagoga (f)	synagoga (en)	['syna‚gɔga]
catedral (f)	katedral (en)	[katɛ'dralʲ]
templo (m)	tempel (ett)	['tɛmpəlʲ]
igreja (f)	kyrka (en)	['ɕyrka]
faculdade (f)	institut (ett)	[insti'tʉt]
universidade (f)	universitet (ett)	[univɛʂi'tet]
escola (f)	skola (en)	['skʊlʲa]
prefeitura (f)	prefektur (en)	[prefɛk'tʉ:r]
câmara (f) municipal	rådhus (en)	['rɔd‚hʉs]
hotel (m)	hotell (ett)	[hʊ'tɛlʲ]
banco (m)	bank (en)	['baŋk]
embaixada (f)	ambassad (en)	[amba'sad]
agência (f) de viagens	resebyrå (en)	['reseby‚rɔ:]
agência (f) de informações	informationsbyrå (en)	[infɔrma'ʃʊns by‚rɔ:]
casa (f) de câmbio	växelkontor (ett)	['vɛksəlʲ kɔn'tʊr]
metrô (m)	tunnelbana (en)	['tunəlʲ‚bana]
hospital (m)	sjukhus (ett)	['ʃʉ:k‚hʉs]
posto (m) de gasolina	bensinstation (en)	[bɛn'sin‚sta'ʃʊn]
parque (m) de estacionamento	parkeringsplats (en)	[par'keriŋs‚plʲats]

30. Sinais

letreiro (m)	skylt (en)	['ʃylʲt]
aviso (m)	inskrift (en)	['in‚skrift]
cartaz, pôster (m)	poster, löpsedel (m)	['pɔstər], ['lʲøp‚sedəlʲ]
placa (f) de direção	vägvisare (en)	['vɛ:g‚visarə]
seta (f)	pil (en)	['pilʲ]
aviso (advertência)	varning (en)	['va:ɳiŋ]
sinal (m) de aviso	varningsskylt (en)	['va:ɳiŋs ‚ʃylʲt]
avisar, advertir (vt)	att varna	[at 'va:ɳa]
dia (m) de folga	fridag (en)	['fri‚dag]
horário (~ dos trens, etc.)	tidtabell (en)	['tid ta'bɛlʲ]
horário (m)	öppettider (pl)	['øpet‚ti:dər]
BEM-VINDOS!	VÄLKOMMEN!	['vɛlʲ‚kɔmən]
ENTRADA	INGÅNG	['in‚gɔŋ]
SAÍDA	UTGÅNG	['ʉt‚gɔŋ]
EMPURRE	TRYCK	['trʏk]
PUXE	DRAG	['drag]

ABERTO	ÖPPET	['øpet]
FECHADO	STÄNGT	['stɛŋt]

MULHER	DAMER	['damər]
HOMEM	HERRAR	['hɛ'rar]

DESCONTOS	RABATT	[ra'bat]
SALDOS, PROMOÇÃO	REA	['rea]
NOVIDADE!	NYHET!	['nyhet]
GRÁTIS	GRATIS	['gratis]

ATENÇÃO!	OBS!	['ɔbs]
NÃO HÁ VAGAS	FUlIBOKAT	['fulʲˌbʊkat]
RESERVADO	RESERVERAT	[resɛr'verat]

ADMINISTRAÇÃO	ADMINISTRATION	[administra'ɧʊn]
SOMENTE PESSOAL	ENDAST PERSONAL	['ɛndast pɛʂʊ'nalʲ]
AUTORIZADO		

CUIDADO CÃO FEROZ	VARNING FÖR HUNDEN	['vaːŋiŋ før 'hundən]
PROIBIDO FUMAR!	RÖKNING FÖRBJUDEN	['rœkniŋ før'bjʉːdən]
NÃO TOCAR	FÅR EJ VIDRÖRAS!	['foːr ej 'vidrøːras]

PERIGOSO	FARLIG	['faːlʲig]
PERIGO	FARA	['fara]
ALTA TENSÃO	HÖGSPÄNNING	['høːgˌspɛniŋ]
PROIBIDO NADAR	BADNING FÖRBJUDEN	['badniŋ før'bjʉːdən]
COM DEFEITO	UR FUNKTION	['ʉr fuŋk'ɧʊn]

INFLAMÁVEL	BRANDFARLIG	['brandˌfaːlʲig]
PROIBIDO	FÖRBJUD	[før'bjʉːd]
ENTRADA PROIBIDA	TIlITRÄDE FÖRBJUDET	['tilʲtrɛːdə før'bjʉːdət]
CUIDADO TINTA FRESCA	NYMÅLAT	['nyˌmoːlʲat]

31. Compras

comprar (vt)	att köpa	[at 'ɕøːpa]
compra (f)	inköp (ett)	['inˌɕøːp]
fazer compras	att shoppa	[at 'ʃopa]
compras (f pl)	shopping (en)	['ʃopiŋ]

estar aberta (loja)	att vara öppen	[at 'vara 'øpən]
estar fechada	att vara stängd	[at 'vara stɛŋd]

calçado (m)	skodon (pl)	['skʊdʊn]
roupa (f)	kläder (pl)	['klʲɛːdər]
cosméticos (m pl)	kosmetika (en)	[kɔs'mɛtika]
alimentos (m pl)	matvaror (pl)	['matˌvarʊr]
presente (m)	gåva, present (en)	['goːva], [pre'sɛnt]

vendedor (m)	försäljare (en)	[fœː'ʂɛljarə]
vendedora (f)	försäljare (en)	[fœː'ʂɛljarə]
caixa (f)	kassa (en)	['kasa]
espelho (m)	spegel (en)	['spegəlʲ]

| balcão (m) | disk (en) | ['disk] |
| provador (m) | provrum (ett) | ['prʊv͵ruːm] |

provar (vt)	att prova	[at 'prʊva]
servir (roupa, caber)	att passa	[at 'pasa]
gostar (apreciar)	att gilla	[at 'jilˈa]

preço (m)	pris (ett)	['pris]
etiqueta (f) de preço	prislapp (en)	['pris͵lˈap]
custar (vt)	att kosta	[at 'kɔsta]
Quanto?	Hur mycket?	[hʉr 'mʏkə]
desconto (m)	rabatt (en)	[ra'bat]

não caro (adj)	billig	['bilig]
barato (adj)	billig	['bilig]
caro (adj)	dyr	['dyr]
É caro	Det är dyrt	[dɛ æːr 'dyːt]

aluguel (m)	uthyrning (en)	['ʉt͵hyn̩ɳ]
alugar (roupas, etc.)	att hyra	[at 'hyra]
crédito (m)	kredit (en)	[kre'dit]
a crédito	på kredit	[pɔ kre'dit]

43

VESTUÁRIO & ACESSÓRIOS

32. Roupa exterior. Casacos

roupa (f)	kläder (pl)	['klɛ:dər]
roupa (f) exterior	ytterkläder	['ytə‚klɛ:dər]
roupa (f) de inverno	vinterkläder (pl)	['vintə‚klɛ:dər]
sobretudo (m)	rock, kappa (en)	['rɔk], ['kapa]
casaco (m) de pele	päls (en)	['pɛls]
jaqueta (f) de pele	pälsjacka (en)	['pɛlsˌjaka]
casaco (m) acolchoado	dunjacka (en)	['dʉ:nˌjaka]
casaco (m), jaqueta (f)	jacka (en)	['jaka]
impermeável (m)	regnrock (en)	['rɛgnˌrɔk]
a prova d'água	vattentät	['vatənˌtɛt]

33. Vestuário de homem & mulher

camisa (f)	skjorta (en)	['ɧu:ʈa]
calça (f)	byxor (pl)	['byksʊr]
jeans (m)	jeans (en)	['jins]
paletó, terno (m)	kavaj (en)	[ka'vaj]
terno (m)	kostym (en)	[kɔs'tym]
vestido (ex. ~ de noiva)	klänning (en)	['klɛniŋ]
saia (f)	kjol (en)	['ɕø:l]
blusa (f)	blus (en)	['blʉ:s]
casaco (m) de malha	stickad tröja (en)	['stikad 'trøja]
casaco, blazer (m)	dräktjacka, kavaj (en)	['drɛkt 'jaka], ['kavaj]
camiseta (f)	T-shirt (en)	['ti:‚ʃɔ:ʈ]
short (m)	shorts (en)	['ʃɔ:ʈs]
training (m)	träningsoverall (en)	['trɛ:niŋs ɔve'rɔ:lʲ]
roupão (m) de banho	morgonrock (en)	['mɔrgɔn‚rɔk]
pijama (m)	pyjamas (en)	[py'jamas]
suéter (m)	sweater, tröja (en)	['svitər], ['trøja]
pulôver (m)	pullover (en)	[pu'lʲɔ:vər]
colete (m)	väst (en)	['vɛst]
fraque (m)	frack (en)	['frak]
smoking (m)	smoking (en)	['smɔkiŋ]
uniforme (m)	uniform (en)	[uni'fɔrm]
roupa (f) de trabalho	arbetskläder (pl)	['arbets‚klɛ:dər]
macacão (m)	overall (en)	['ɔve‚rɔ:lʲ]
jaleco (m), bata (f)	rock (en)	['rɔk]

34. Vestuário. Roupa interior

roupa (f) íntima	underkläder (pl)	['undə,kl'ɛ:dər]
cueca boxer (f)	underbyxor (pl)	['undə,byksʊr]
calcinha (f)	trosor (pl)	['trʊsʊr]
camiseta (f)	undertröja (en)	['undə,trøja]
meias (f pl)	sockor (pl)	['sɔkʊr]

camisola (f)	nattlinne (ett)	['nat,linə]
sutiã (m)	behå (en)	[be'ho:]
meias longas (f pl)	knästrumpor (pl)	['knɛ:,strumpʊr]
meias-calças (f pl)	strumpbyxor (pl)	['strump,byksʊr]
meias (~ de nylon)	strumpor (pl)	['strumpʊr]
maiô (m)	baddräkt (en)	['bad,drɛkt]

35. Adereços de cabeça

chapéu (m), touca (f)	hatt (en)	['hat]
chapéu (m) de feltro	hatt (en)	['hat]
boné (m) de beisebol	baseballkeps (en)	['bejsbɔl' keps]
boina (~ italiana)	keps (en)	['keps]

boina (ex. ~ basca)	basker (en)	['baskər]
capuz (m)	luva, kapuschong (en)	['lʉ:va], [kapʉ'ŋɔ:ŋ]
chapéu panamá (m)	panamahatt (en)	['panama,hat]
touca (f)	luva (en)	['lʉ:va]

lenço (m)	sjalett (en)	[ɧa'l'et]
chapéu (m) feminino	hatt (en)	['hat]

capacete (m) de proteção	hjälm (en)	['jɛl'm]
bibico (m)	båtmössa (en)	['bot,mœsa]
capacete (m)	hjälm (en)	['jɛl'm]

chapéu-coco (m)	plommonstop (ett)	['pl'ʊmɔn,stʊp]
cartola (f)	hög hatt, cylinder (en)	['hø:g ,hat], [sy'lindər]

36. Calçado

calçado (m)	skodon (pl)	['skʊdʊn]
botinas (f pl), sapatos (m pl)	skor (pl)	['skʊr]
sapatos (de salto alto, etc.)	damsko (pl)	['dam,skʊr]
botas (f pl)	stövlar (pl)	['støvl'ar]
pantufas (f pl)	tofflor (pl)	['tɔfl'ʊr]

tênis (~ Nike, etc.)	tennisskor (pl)	['tɛnis,skʊr]
tênis (~ Converse)	canvas skor (pl)	['kanvas ,skʊr]
sandálias (f pl)	sandaler (pl)	[san'dal'er]

sapateiro (m)	skomakare (en)	['skʊ,makarə]
salto (m)	klack (en)	['kl'ak]

par (m)	par (ett)	['par]
cadarço (m)	skosnöre (ett)	['skʊˌsnøːrə]
amarrar os cadarços	att snöra	[at 'snøːra]
calçadeira (f)	skohorn (ett)	['skʊˌhʊːɳ]
graxa (f) para calçado	skokräm (en)	['skʊˌkrɛm]

37. Acessórios pessoais

luva (f)	handskar (pl)	['hanskar]
mitenes (f pl)	vantar (pl)	['vantar]
cachecol (m)	halsduk (en)	['halʲsˌdɵːk]

óculos (m pl)	glasögon (pl)	['glʲasˌøːɡɔn]
armação (f)	båge (en)	['boːɡə]
guarda-chuva (m)	paraply (ett)	[para'plʲy]
bengala (f)	käpp (en)	['ɕɛp]
escova (f) para o cabelo	hårborste (en)	['hoːrˌboːʂtə]
leque (m)	solfjäder (en)	['sʊlʲˌfjɛːdər]

gravata (f)	slips (en)	['slips]
gravata-borboleta (f)	fluga (en)	['flɵːga]
suspensórios (m pl)	hängslen (pl)	['hɛŋslʲən]
lenço (m)	näsduk (en)	['nɛsˌdɵk]

pente (m)	kam (en)	['kam]
fivela (f) para cabelo	hårklämma (ett)	['hoːrˌklʲɛma]
grampo (m)	hårnål (en)	['hoːˌɳoːlʲ]
fivela (f)	spänne (ett)	['spɛnə]

| cinto (m) | bälte (ett) | ['bɛlʲtə] |
| alça (f) de ombro | rem (en) | ['rem] |

bolsa (f)	väska (en)	['vɛska]
bolsa (feminina)	damväska (en)	['damˌvɛska]
mochila (f)	ryggsäck (en)	['rʏɡˌsɛk]

38. Vestuário. Diversos

moda (f)	mode (ett)	['mʊdə]
na moda (adj)	modern	[mʊ'dɛːɳ]
estilista (m)	modedesigner (en)	['mʊdə de'sajnər]

colarinho (m)	krage (en)	['kraɡə]
bolso (m)	ficka (en)	['fika]
de bolso	fick-	['fik-]
manga (f)	ärm (en)	['æːrm]
ganchinho (m)	hängband (ett)	['hɛŋ band]
bragueta (f)	gylf (en)	['ɡylʲf]

zíper (m)	blixtlås (ett)	['blikstˌlʲoːs]
colchete (m)	knäppning (en)	['knɛpniŋ]
botão (m)	knapp (en)	['knap]

| botoeira (casa de botão) | knapphål (ett) | ['knap̩ho:lʲ] |
| soltar-se (vr) | att lossna | [at 'lʲɔsna] |

costurar (vi)	att sy	[at sy]
bordar (vt)	att brodera	[at brʊ'dera]
bordado (m)	broderi (ett)	[brʊde'ri:]
agulha (f)	synål (en)	['sy̩no:lʲ]
fio, linha (f)	tråd (en)	['tro:d]
costura (f)	söm (en)	['sø:m]

sujar-se (vr)	att smutsa ned sig	[at 'smutsa ned sɛj]
mancha (f)	fläck (en)	['flʲɛk]
amarrotar-se (vr)	att bli skrynklig	[at bli 'skrʏŋklig]
rasgar (vt)	att riva	[at 'riva]
traça (f)	mal (en)	['malʲ]

39. Cuidados pessoais. Cosméticos

pasta (f) de dente	tandkräm (en)	['tand̩krɛm]
escova (f) de dente	tandborste (en)	['tand̩bɔ:ʂtə]
escovar os dentes	att borsta tänderna	[at 'bɔ:ʂta 'tɛndɛ:ɲa]

gilete (f)	hyvel (en)	['hyvəlʲ]
creme (m) de barbear	rakkräm (en)	['rak̩krɛm]
barbear-se (vr)	att raka sig	[at 'raka sɛj]

| sabonete (m) | tvål (en) | ['tvo:lʲ] |
| xampu (m) | schampo (ett) | ['ɧam̩pʊ] |

tesoura (f)	sax (en)	['saks]
lixa (f) de unhas	nagelfil (en)	['nagəlʲ̩filʲ]
corta-unhas (m)	nageltång (en)	['nagəlʲ̩tɔŋ]
pinça (f)	pincett (en)	[pin'sɛt]

cosméticos (m pl)	kosmetika (en)	[kɔs'mɛtika]
máscara (f)	ansiktsmask (en)	[an'sikts̩mask]
manicure (f)	manikyr (en)	[mani'kyr]
fazer as unhas	att få manikyr	[at fo: mani'kyr]
pedicure (f)	pedikyr (en)	[pedi'kyr]

bolsa (f) de maquiagem	kosmetikväska (en)	[kɔsmɛ'tik̩vɛska]
pó (de arroz)	puder (ett)	['pʉ:dər]
pó (m) compacto	puderdosa (en)	['pʉ:dɛ̩do:sa]
blush (m)	rouge (ett)	['ru:ʃ]

perfume (m)	parfym (en)	[par'fym]
água-de-colônia (f)	eau de toilette (en)	['ɔ:detua̩lʲet]
loção (f)	rakvatten (ett)	['rak̩vatən]
colônia (f)	eau de cologne (en)	['ɔ:dekɔ̩lʲɔɲ]

sombra (f) de olhos	ögonskugga (en)	['ø:gɔn̩skuga]
delineador (m)	ögonpenna (en)	['ø:gɔn̩pɛna]
máscara (f), rímel (m)	mascara (en)	[ma'skara]
batom (m)	läppstift (ett)	['lʲɛp̩stift]

esmalte (m)	nagellack (ett)	['nagəlʲˌlʲak]
laquê (m), spray fixador (m)	hårspray (en)	['hoːrˌsprɛj]
desodorante (m)	deodorant (en)	[deʊdʊ'rant]

creme (m)	kräm (en)	['krɛm]
creme (m) de rosto	ansiktskräm (en)	[an'siktsˌkrɛm]
creme (m) de mãos	handkräm (en)	['handˌkrɛm]
creme (m) antirrugas	anti-rynkor kräm (en)	['antiˌrrŋkʊr 'krɛm]
creme (m) de dia	dagkräm (en)	['dagˌkrɛm]
creme (m) de noite	nattkräm (en)	['natˌkrɛm]
de dia	dag-	['dag-]
da noite	natt-	['nat-]

absorvente (m) interno	tampong (en)	[tam'poŋ]
papel (m) higiênico	toalettpapper (ett)	[tʊa'lʲetˌpapər]
secador (m) de cabelo	hårtork (en)	['hoːˌtʊrk]

40. Relógios de pulso. Relógios

relógio (m) de pulso	armbandsur (ett)	['armbandsˌʉːr]
mostrador (m)	urtavla (en)	['ʉːˌtavlʲa]
ponteiro (m)	visare (en)	['visarə]
bracelete (em aço)	armband (ett)	['armˌband]
bracelete (em couro)	armband (ett)	['armˌband]

pilha (f)	batteri (ett)	[batɛ'riː]
acabar (vi)	att bli urladdad	[at bli 'ʉːˌlʲadad]
trocar a pilha	att byta batteri	[at 'byta batɛ'riː]
estar adiantado	att gå för fort	[at 'goː før 'foːt]
estar atrasado	att gå för långsamt	[at 'goː før 'lʲoŋˌsamt]

relógio (m) de parede	väggklocka (en)	['vɛgˌklʲɔka]
ampulheta (f)	sandklocka (en)	['sandˌklʲɔka]
relógio (m) de sol	solklocka (en)	['sʊlʲˌklʲɔka]
despertador (m)	väckarklocka (en)	['vɛkarˌklʲɔka]
relojoeiro (m)	urmakare (en)	['ʉrˌmakarə]
reparar (vt)	att reparera	[at repa'rera]

EXPERIÊNCIA DO QUOTIDIANO

41. Dinheiro

dinheiro (m)	pengar (pl)	['pɛŋar]
câmbio (m)	växling (en)	['vɛksliŋ]
taxa (f) de câmbio	kurs (en)	['kuːʂ]
caixa (m) eletrônico	bankomat (en)	[baŋkʉ'mat]
moeda (f)	mynt (ett)	['mʏnt]
dólar (m)	dollar (en)	['dɔlʲar]
euro (m)	euro (en)	['ɛvrɔ]
lira (f)	lire (en)	['lirə]
marco (m)	mark (en)	['mark]
franco (m)	franc (en)	['fran]
libra (f) esterlina	pund sterling (ett)	['pʉŋ stɛr'liŋ]
iene (m)	yen (en)	['jɛn]
dívida (f)	skuld (en)	['skʉlʲd]
devedor (m)	gäldenär (en)	[jɛlʲdɛ'næːr]
emprestar (vt)	att låna ut	[at 'lʲoːna ʉt]
pedir emprestado	att låna	[at 'lʲoːna]
banco (m)	bank (en)	['baŋk]
conta (f)	konto (ett)	['kɔntʉ]
depositar (vt)	att sätta in	[at 'sæta in]
depositar na conta	att sätta in på kontot	[at 'sæta in pɔ 'kɔntʉt]
sacar (vt)	att ta ut från kontot	[at ta ʉt frɔn 'kɔntʉt]
cartão (m) de crédito	kreditkort (ett)	[kre'ditˌkoːt]
dinheiro (m) vivo	kontanter (pl)	[kɔn'tantər]
cheque (m)	check (en)	['ɕɛk]
passar um cheque	att skriva en check	[at 'skriva en 'ɕɛk]
talão (m) de cheques	checkbok (en)	['ɕɛkˌbʉk]
carteira (f)	plånbok (en)	['plʲoːnˌbʉk]
niqueleira (f)	börs (en)	['bøːʂ]
cofre (m)	säkerhetsskåp (ett)	['sɛːkərhetsˌskoːp]
herdeiro (m)	arvinge (en)	['arviŋə]
herança (f)	arv (ett)	['arv]
fortuna (riqueza)	förmögenhet (en)	[før'møgənˌhet]
arrendamento (m)	hyra (en)	['hyra]
aluguel (pagar o ~)	hyra (en)	['hyra]
alugar (vt)	att hyra	[at 'hyra]
preço (m)	pris (ett)	['pris]
custo (m)	kostnad (en)	['kɔstnad]

soma (f)	summa (en)	['suma]
gastar (vt)	att lägga ut	[at 'lʲɛga ʉt]
gastos (m pl)	utgifter (pl)	['ʉtˌjiftər]
economizar (vi)	att spara	[at 'spara]
econômico (adj)	sparsam	['spa:ʂam]

pagar (vt)	att betala	[at be'talʲa]
pagamento (m)	betalning (en)	[be'talʲniŋ]
troco (m)	växel (en)	['vɛksəlʲ]

imposto (m)	skatt (en)	['skat]
multa (f)	bot (en)	['bʊt]
multar (vt)	att bötfälla	[at 'bøtˌfɛlʲa]

42. Correios. Serviço postal

agência (f) dos correios	post (en)	['pɔst]
correio (m)	post (en)	['pɔst]
carteiro (m)	brevbärare (en)	['brevˌbæ:rarə]
horário (m)	öppettider (pl)	['øpetˌti:dər]

carta (f)	brev (ett)	['brev]
carta (f) registada	rekommenderat brev (ett)	[rekɔmən'derat brev]
cartão (m) postal	postkort (ett)	['pɔstˌkɔ:t]
telegrama (m)	telegram (ett)	[telʲe'gram]
encomenda (f)	postpaket (ett)	['pɔst paˌket]
transferência (f) de dinheiro	pengaöverföring (en)	['pɛŋaˌøve'fø:riŋ]

receber (vt)	att ta emot	[at ta ɛmo:t]
enviar (vt)	att skicka	[at 'ɧika]
envio (m)	avsändning (en)	['avˌsɛndniŋ]
endereço (m)	adress (en)	[a'drɛs]
código (m) postal	postnummer (ett)	['pɔstˌnumər]
remetente (m)	avsändare (en)	['avˌsɛndarə]
destinatário (m)	mottagare (en)	['mɔtˌtagarə]

nome (m)	förnamn (ett)	['fœ:ˌɳamn]
sobrenome (m)	efternamn (ett)	['ɛftəˌɳamn]
tarifa (f)	tariff (en)	[ta'rif]
ordinário (adj)	vanlig	['vanlig]
econômico (adj)	ekonomisk	[ɛkʊ'nɔmisk]

peso (m)	vikt (en)	['vikt]
pesar (estabelecer o peso)	att väga	[at 'vɛ:ga]
envelope (m)	kuvert (ett)	[kʉ:'vær]
selo (m) postal	frimärke (ett)	['friˌmærkə]
colar o selo	att sätta på frimärke	[at 'sæta pɔ 'friˌmærkə]

43. Banca

| banco (m) | bank (en) | ['baŋk] |
| balcão (f) | avdelning (en) | [av'dɛlʲniŋ] |

consultor (m) bancário	konsulent (en)	[kɔnsu'lʲɛnt]
gerente (m)	föreståndare (en)	[førə'stɔndarə]
conta (f)	bankkonto (ett)	['baŋkˌkɔntʊ]
número (m) da conta	kontonummer (ett)	['kɔntʊˌnumər]
conta (f) corrente	checkkonto (ett)	['ɕɛkˌkɔntʊ]
conta (f) poupança	sparkonto (ett)	['sparˌkɔntʊ]
abrir uma conta	att öppna ett konto	[at 'øpna ɛt 'kɔntʊ]
fechar uma conta	att avsluta kontot	[at 'avˌslʉːta 'kɔntʊt]
depositar na conta	att sätta in på kontot	[at 'sæta in pɔ 'kɔntʊt]
sacar (vt)	att ta ut från kontot	[at ta ʉt frɔn 'kɔntʊt]
depósito (m)	insats (en)	['inˌsats]
fazer um depósito	att sätta in	[at 'sæta in]
transferência (f) bancária	överföring (en)	['øːvəˌføːriŋ]
transferir (vt)	att överföra	[at øːvəˌføra]
soma (f)	summa (en)	['suma]
Quanto?	Hur mycket?	[hʉr 'mʏkə]
assinatura (f)	signatur, underskrift (en)	[signa'tʉːr], ['undəˌskrift]
assinar (vt)	att underteckna	[at 'undəˌtɛkna]
cartão (m) de crédito	kreditkort (ett)	[kre'ditˌkɔːt]
senha (f)	kod (en)	['kɔd]
número (m) do cartão de crédito	kreditkortsnummer (ett)	[kre'ditˌkɔːts 'numər]
caixa (m) eletrônico	bankomat (en)	[baŋkʊ'mat]
cheque (m)	check (en)	['ɕɛk]
passar um cheque	att skriva en check	[at 'skriva en 'ɕɛk]
talão (m) de cheques	checkbok (en)	['ɕɛkˌbʊk]
empréstimo (m)	lån (ett)	['lʲoːn]
pedir um empréstimo	att ansöka om lån	[at 'anˌsøːka ɔm 'lʲoːn]
obter empréstimo	att få ett lån	[at foː et 'lʲoːn]
dar um empréstimo	att ge ett lån	[at je et 'lʲoːn]
garantia (f)	garanti (en)	[garan'tiː]

44. Telefone. Conversação telefônica

telefone (m)	telefon (en)	[telʲe'fɔn]
celular (m)	mobiltelefon (en)	[mɔ'bilʲ telʲe'fɔn]
secretária (f) eletrônica	telefonsvarare (en)	[telʲe'fɔnˌsvararə]
fazer uma chamada	att ringa	[at 'riŋa]
chamada (f)	telefonsamtal (en)	[telʲe'fɔnˌsamtalʲ]
discar um número	att slå nummer	[at 'slʲoː 'numər]
Alô!	Hallå!	[ha'lʲoː]
perguntar (vt)	att fråga	[at 'froːga]
responder (vt)	att svara	[at 'svara]
ouvir (vt)	att höra	[at 'høːra]

bem	gott, bra	['gɔt], ['bra]
mal	dåligt	['doːlit]
ruído (m)	bruser, störningar (pl)	['brʉːsər], ['støːɳiŋar]

fone (m)	telefonlur (en)	[telʲe'fɔn‚lʉːr]
pegar o telefone	att lyfta telefonluren	[at 'lʲyfta telʲe'fɔn 'lʉːrən]
desligar (vi)	att lägga på	[at 'lʲɛga pɔ]

ocupado (adj)	upptagen	['up‚tagən]
tocar (vi)	att ringa	[at 'riŋa]
lista (f) telefônica	telefonkatalog (en)	[telʲe'fɔn kata'lʲɔg]

local (adj)	lokal-	[lʲɔ'kalʲ-]
chamada (f) local	lokalsamtal (ett)	[lʲɔ'kalʲ‚samtalʲ]
de longa distância	riks-	['riks-]
chamada (f) de longa distância	rikssamtal (ett)	['riks‚samtalʲ]
internacional (adj)	internationell	['intɛːɳatɧʊ‚nɛlʲ]
chamada (f) internacional	internationell samtal (ett)	['intɛːɳatɧʊ‚nɛlʲ 'samtalʲ]

45. Telefone móvel

celular (m)	mobiltelefon (en)	[mɔ'bilʲ telʲe'fɔn]
tela (f)	skärm (en)	['ɧæːrm]
botão (m)	knapp (en)	['knap]
cartão SIM (m)	SIM-kort (ett)	['sim‚kɔːt]

bateria (f)	batteri (ett)	[batɛ'riː]
descarregar-se (vr)	att bli urladdad	[at bli 'ʉː‚ḻadad]
carregador (m)	laddare (en)	['lʲadarə]

menu (m)	meny (en)	[me'ny]
configurações (f pl)	inställningar (pl)	['in‚stɛlʲniŋar]
melodia (f)	melodi (en)	[melʲɔ'diː]
escolher (vt)	att välja	[at 'vɛlja]

calculadora (f)	kalkylator (en)	[kalʲky'lʲatʊr]
correio (m) de voz	telefonsvarare (en)	[telʲe'fɔn‚svararə]
despertador (m)	väckarklocka, alarm (en)	['vɛkar‚klʲɔka], [a'lʲarm]
contatos (m pl)	kontakter (pl)	[kɔn'taktər]

| mensagem (f) de texto | SMS meddelande (ett) | [ɛsɛ'mɛs me'delʲandə] |
| assinante (m) | abonnent (en) | [abɔ'nɛnt] |

46. Estacionário

| caneta (f) | kulspetspenna (en) | ['kʉlʲspets‚pɛna] |
| caneta (f) tinteiro | reservoarpenna (en) | [resɛrvʊ'ar‚pɛna] |

lápis (m)	blyertspenna (en)	['blʲyɛːʈs‚pɛna]
marcador (m) de texto	märkpenna (en)	['mœrk‚pɛna]
caneta (f) hidrográfica	tuschpenna (en)	['tuːʃ‚pɛna]

| bloco (m) de notas | block (ett) | ['blɔk] |
| agenda (f) | dagbok (en) | ['dag͵bʊk] |

régua (f)	linjal (en)	[li'njalʲ]
calculadora (f)	kalkylator (en)	[kalʲky'lʲatʊr]
borracha (f)	suddgummi (ett)	['sud͵gumi]
alfinete (m)	häftstift (ett)	['hɛft͵stift]
clipe (m)	gem (ett)	['gem]

cola (f)	lim (ett)	['lim]
grampeador (m)	häftapparat (en)	['hɛft apa͵rat]
furador (m) de papel	hålslag (ett)	['hoːlʲ͵slʲag]
apontador (m)	pennvässare (en)	['pɛn͵vɛsarə]

47. Línguas estrangeiras

língua (f)	språk (ett)	['sproːk]
estrangeiro (adj)	främmande	['frɛmandə]
língua (f) estrangeira	främmande språk (ett)	['frɛmandə sproːk]
estudar (vt)	att studera	[at stu'dera]
aprender (vt)	att lära sig	[at 'lʲæːra sɛj]

ler (vt)	att läsa	[at 'lʲɛːsa]
falar (vi)	att tala	[at 'talʲa]
entender (vt)	att förstå	[at fœ:'ʂtoː]
escrever (vt)	att skriva	[at 'skriva]

rapidamente	snabbt	['snabt]
devagar, lentamente	långsamt	['lʲɔŋ͵samt]
fluentemente	flytande	['flʲytandə]

regras (f pl)	regler (pl)	['rɛglʲər]
gramática (f)	grammatik (en)	[grama'tik]
vocabulário (m)	ordförråd (ett)	['ʊːdfœ:͵roːd]
fonética (f)	fonetik (en)	[fone'tik]

livro (m) didático	lärobok (en)	['lʲæːrʊ͵bʊk]
dicionário (m)	ordbok (en)	['ʊːd͵bʊk]
manual (m) autodidático	självinstruerande lärobok (en)	['ɧelʲv instru'ɛrandə 'lʲæːrʊ͵bʊk]
guia (m) de conversação	parlör (en)	[pa:'lʲøːr]

fita (f) cassete	kassett (en)	[ka'sɛt]
videoteipe (m)	videokassett (en)	['videʊ ka'sɛt]
CD (m)	cd-skiva (en)	['sede ͵ɧiva]
DVD (m)	dvd (en)	[deve'deː]

alfabeto (m)	alfabet (ett)	['alʲfabet]
soletrar (vt)	att stava	[at 'stava]
pronúncia (f)	uttal (ett)	['ʉt͵talʲ]

sotaque (m)	brytning (en)	['brytniŋ]
com sotaque	med brytning	[me 'brytniŋ]
sem sotaque	utan brytning	['ʉtan 'brytniŋ]

palavra (f)	ord (ett)	['ʊ:d̥]
sentido (m)	betydelse (en)	[be'tydəlʲsə]

curso (m)	kurs (en)	['ku:ʂ]
inscrever-se (vr)	att anmäla sig	[at 'anˌmɛ:lʲa sɛj]
professor (m)	lärare (en)	['lʲæ:rarə]

tradução (processo)	översättning (en)	['ø:vəˌʂætniŋ]
tradução (texto)	översättning (en)	['ø:vəˌʂætniŋ]
tradutor (m)	översättare (en)	['ø:vəˌʂætarə]
intérprete (m)	tolk (en)	['tɔlʲk]

poliglota (m)	polyglott (en)	[pulʏ'glʲɔt]
memória (f)	minne (ett)	['minə]

REFEIÇÕES. RESTAURANTE

48. Por a mesa

colher (f)	sked (en)	['ʃed]
faca (f)	kniv (en)	['kniv]
garfo (m)	gaffel (en)	['gafɵlʲ]
xícara (f)	kopp (en)	['kop]
prato (m)	tallrik (en)	['talʲrik]
pires (m)	tefat (ett)	['te͵fat]
guardanapo (m)	servett (en)	[sɛr'vɛt]
palito (m)	tandpetare (en)	['tand͵petarə]

49. Restaurante

restaurante (m)	restaurang (en)	[rɛstɔ'raŋ]
cafeteria (f)	kafé (ett)	[ka'fe:]
bar (m), cervejaria (f)	bar (en)	['bar]
salão (m) de chá	tehus (ett)	['te:͵hʉs]
garçom (m)	servitör (en)	[sɛrvi'tø:r]
garçonete (f)	servitris (en)	[sɛrvi'tris]
barman (m)	bartender (en)	['ba:͵tɛndər]
cardápio (m)	meny (en)	[me'ny]
lista (f) de vinhos	vinlista (en)	['vin͵lista]
reservar uma mesa	att reservera bord	[at resɛr'vera bʉ:d]
prato (m)	rätt (en)	['ræt]
pedir (vt)	att beställa	[at be'stɛlʲa]
fazer o pedido	att beställa	[at be'stɛlʲa]
aperitivo (m)	aperitif (en)	[aperi'tif]
entrada (f)	förrätt (en)	['fœ:ræt]
sobremesa (f)	dessert (en)	[dɛ'sɛ:r]
conta (f)	nota (en)	['nʊta]
pagar a conta	att betala notan	[at be'talʲa 'nʊtan]
dar o troco	att ge tillbaka växel	[at je: tilʲ'baka 'vɛksəlʲ]
gorjeta (f)	dricks (en)	['driks]

50. Refeições

comida (f)	mat (en)	['mat]
comer (vt)	att äta	[at 'ɛ:ta]

café (m) da manhã	frukost (en)	['fruːkɔst]
tomar café da manhã	att äta frukost	[at 'ɛːta 'fruːkɔst]
almoço (m)	lunch (en)	['lɵnɕ]
almoçar (vi)	att äta lunch	[at 'ɛːta ˌlɵnɕ]
jantar (m)	kvällsmat (en)	['kvɛlʲsˌmat]
jantar (vi)	att äta kvällsmat	[at 'ɛːta 'kvɛlʲsˌmat]

apetite (m)	aptit (en)	['aptit]
Bom apetite!	Smaklig måltid!	['smaklig 'moːlʲtid]

abrir (~ uma lata, etc.)	att öppna	[at 'øpna]
derramar (~ líquido)	att spilla	[at 'spilʲa]
derramar-se (vr)	att spillas ut	[at 'spilʲas ɵt]

ferver (vi)	att koka	[at 'kʊka]
ferver (vt)	att koka	[at 'kʊka]
fervido (adj)	kokt	['kʊkt]
esfriar (vt)	att avkyla	[at 'avˌɕylʲa]
esfriar-se (vr)	att avkylas	[at 'avˌɕylʲas]

sabor, gosto (m)	smak (en)	['smak]
fim (m) de boca	bismak (en)	['bismak]

emagrecer (vi)	att vara på diet	[at 'vara pɔ di'et]
dieta (f)	diet (en)	[di'et]
vitamina (f)	vitamin (ett)	[vita'min]
caloria (f)	kalori (en)	[kalʲo'riː]
vegetariano (m)	vegetarian (en)	[vegetiri'an]
vegetariano (adj)	vegetarisk	[vege'tarisk]

gorduras (f pl)	fett (ett)	['fɛt]
proteínas (f pl)	proteiner (pl)	[prɔte'iːnər]
carboidratos (m pl)	kolhydrater (pl)	['kolʲhyˌdratər]
fatia (~ de limão, etc.)	skiva (en)	['ɧiva]
pedaço (~ de bolo)	bit (en)	['bit]
migalha (f), farelo (m)	smula (en)	['smɵlʲa]

51. Pratos cozinhados

prato (m)	rätt (en)	['ræt]
cozinha (~ portuguesa)	kök (ett)	['ɕøːk]
receita (f)	recept (ett)	[re'sɛpt]
porção (f)	portion (en)	[pɔːˈʈ'ɧʊn]

salada (f)	sallad (en)	['salʲad]
sopa (f)	soppa (en)	['sɔpa]

caldo (m)	buljong (en)	[bu'ljɔŋ]
sanduíche (m)	smörgås (en)	['smœrˌgoːs]
ovos (m pl) fritos	stekt ägg (en)	['stɛkt ˌɛg]

hambúrguer (m)	hamburgare (en)	['hamburgarə]
bife (m)	biffstek (en)	['bifˌstɛk]
acompanhamento (m)	tillbehör (ett)	['tilʲbeˌhør]

espaguete (m)	spagetti	[spa'gɛti]
purê (m) de batata	potatismos (ett)	[pʊ'tatisˌmʊs]
pizza (f)	pizza (en)	['pitsa]
mingau (m)	gröt (en)	['grø:t]
omelete (f)	omelett (en)	[ɔməˈlʲet]

fervido (adj)	kokt	['kʊkt]
defumado (adj)	rökt	['rœkt]
frito (adj)	stekt	['stɛkt]
seco (adj)	torkad	['tɔrkad]
congelado (adj)	fryst	['frʏst]
em conserva (adj)	sylt-	['sylʲt-]

doce (adj)	söt	['sø:t]
salgado (adj)	salt	['salʲt]
frio (adj)	kall	['kalʲ]
quente (adj)	het, varm	['het], ['varm]
amargo (adj)	bitter	['bitər]
gostoso (adj)	läcker	['lʲɛkər]

cozinhar em água fervente	att koka	[at 'kʊka]
preparar (vt)	att laga	[at 'lʲaga]
fritar (vt)	att steka	[at 'steka]
aquecer (vt)	att värma upp	[at 'væ:rma up]

salgar (vt)	att salta	[at 'salʲta]
apimentar (vt)	att peppra	[at 'pepra]
ralar (vt)	att riva	[at 'riva]
casca (f)	skal (ett)	['skalʲ]
descascar (vt)	att skala	[at 'skalʲa]

52. Comida

carne (f)	kött (ett)	['ɕœt]
galinha (f)	höna (en)	['hø:na]
frango (m)	kyckling (en)	['ɕyklɪŋ]
pato (m)	anka (en)	['aŋka]
ganso (m)	gås (en)	['go:s]
caça (f)	vilt (ett)	['vilʲt]
peru (m)	kalkon (en)	[kalʲˈkʊn]

carne (f) de porco	fläsk (ett)	['flʲɛsk]
carne (f) de vitela	kalvkött (en)	['kalʲvˌɕœt]
carne (f) de carneiro	lammkött (ett)	['lʲamˌɕœt]
carne (f) de vaca	oxkött, nötkött (ett)	['ʊksˌɕœt], ['nø:tˌɕœt]
carne (f) de coelho	kanin (en)	[ka'nin]

linguiça (f), salsichão (m)	korv (en)	['kɔrv]
salsicha (f)	wienerkorv (en)	['viŋɛrˌkɔrv]
bacon (m)	bacon (ett)	['bɛjkɔn]
presunto (m)	skinka (en)	['hɪŋka]
pernil (m) de porco	skinka (en)	['hɪŋka]
patê (m)	paté (en)	[pa'te]
fígado (m)	lever (en)	['lʲevər]

| guisado (m) | köttfärs (en) | ['ɕœt‚fæːʂ] |
| língua (f) | tunga (en) | ['tuŋa] |

ovo (m)	ägg (ett)	['ɛg]
ovos (m pl)	ägg (pl)	['ɛg]
clara (f) de ovo	äggvita (en)	['ɛg‚viːta]
gema (f) de ovo	äggula (en)	['ɛg‚ʉːlʲa]

peixe (m)	fisk (en)	['fisk]
mariscos (m pl)	fisk och skaldjur	['fisk ɔ 'skalʲjʉːr]
crustáceos (m pl)	kräftdjur (pl)	['krɛftjuːr]
caviar (m)	kaviar (en)	['kav‚jar]

caranguejo (m)	krabba (en)	['kraba]
camarão (m)	räka (en)	['rɛːka]
ostra (f)	ostron (ett)	['ʊstrʊn]
lagosta (f)	languster (en)	[lʲaŋ'gustər]
polvo (m)	bläckfisk (en)	['blʲɛk‚fisk]
lula (f)	bläckfisk (en)	['blʲɛk‚fisk]

esturjão (m)	stör (en)	['støːr]
salmão (m)	lax (en)	['lʲaks]
halibute (m)	hälleflundra (en)	['hɛlʲe‚flʉndra]

bacalhau (m)	torsk (en)	['tɔːʂk]
cavala, sarda (f)	makrill (en)	['makrilʲ]
atum (m)	tonfisk (en)	['tʊn‚fisk]
enguia (f)	ål (en)	['oːlʲ]

truta (f)	öring (en)	['øːriŋ]
sardinha (f)	sardin (en)	[sa:'djːn]
lúcio (m)	gädda (en)	['jɛda]
arenque (m)	sill (en)	['silʲ]

pão (m)	bröd (ett)	['brøːd]
queijo (m)	ost (en)	['ʊst]
açúcar (m)	socker (ett)	['sɔkər]
sal (m)	salt (ett)	['salʲt]

arroz (m)	ris (ett)	['ris]
massas (f pl)	pasta (en), makaroner (pl)	['pasta], [maka'rʊnər]
talharim, miojo (m)	nudlar (pl)	['nʉːdlʲar]

manteiga (f)	smör (ett)	['smœːr]
óleo (m) vegetal	vegetabilisk olja (en)	[vegeta'bilisk 'ɔlja]
óleo (m) de girassol	solrosolja (en)	['sʊlʲrʊs‚ɔlja]
margarina (f)	margarin (ett)	[marga'rin]

| azeitonas (f pl) | oliver (pl) | [ʊ:'livər] |
| azeite (m) | olivolja (en) | [ʊ'liv‚ɔlja] |

leite (m)	mjölk (en)	['mjœlʲk]
leite (m) condensado	kondenserad mjölk (en)	[kɔndɛn'serad ‚mjœlʲk]
iogurte (m)	yoghurt (en)	['joːgʉːt]
creme (m) azedo	gräddfil, syrad grädden (en)	['grɛdfilʲ], [syrad 'gredən]

creme (m) de leite	grädde (en)	['grɛdə]
maionese (f)	majonnäs (en)	[majɔ'nɛs]
creme (m)	kräm (en)	['krɛm]

grãos (m pl) de cereais	gryn (en)	['gryn]
farinha (f)	mjöl (ett)	['mjøːlʲ]
enlatados (m pl)	konserv (en)	[kɔn'sɛrv]

flocos (m pl) de milho	cornflakes (pl)	['koːrˌflɛjks]
mel (m)	honung (en)	['hɔnuŋ]
geleia (m)	sylt, marmelad (en)	['sylʲt], [marme'lʲad]
chiclete (m)	tuggummi (ett)	['tugˌgumi]

53. Bebidas

água (f)	vatten (ett)	['vatən]
água (f) potável	dricksvatten (ett)	['driksˌvatən]
água (f) mineral	mineralvatten (ett)	[mine'ralʲˌvatən]

sem gás (adj)	icke kolsyrat	['ikə 'kɔlʲˌsyrat]
gaseificada (adj)	kolsyrat	['kɔlʲˌsyrat]
com gás	kolsyrat	['kɔlʲˌsyrat]
gelo (m)	is (en)	['is]
com gelo	med is	[me 'is]

não alcoólico (adj)	alkoholfri	[alʲkʊ'hɔlʲˌfriː]
refrigerante (m)	alkoholfri dryck (en)	[alʲkʊ'hɔlʲfri 'drʏk]
refresco (m)	läskedryck (en)	['lɛskəˌdrik]
limonada (f)	lemonad (en)	[lʲemo'nad]

bebidas (f pl) alcoólicas	alkoholhaltiga drycker (pl)	[alʲkʊ'hɔlʲˌhalʲtiga 'drʏkər]
vinho (m)	vin (ett)	['vin]
vinho (m) branco	vitvin (ett)	['vitˌvin]
vinho (m) tinto	rödvin (ett)	['røːdˌvin]

licor (m)	likör (en)	[li'køːr]
champanhe (m)	champagne (en)	[ʃam'panʲ]
vermute (m)	vermouth (en)	['vɛrmut]

uísque (m)	whisky (en)	['viski]
vodca (f)	vodka (en)	['vodka]
gim (m)	gin (ett)	['dʒin]
conhaque (m)	konjak (en)	['kɔnʲak]
rum (m)	rom (en)	['rɔm]

café (m)	kaffe (ett)	['kafə]
café (m) preto	svart kaffe (ett)	['svaːt 'kafə]
café (m) com leite	kaffe med mjölk (ett)	['kafə me mjœlʲk]
cappuccino (m)	cappuccino (en)	['kaputʃinʊ]
café (m) solúvel	snabbkaffe (ett)	['snabˌkafə]

leite (m)	mjölk (en)	['mjœlʲk]
coquetel (m)	cocktail (en)	['kɔktɛjlʲ]
batida (f), milkshake (m)	milkshake (en)	['milʲkˌʃɛjk]

suco (m)	juice (en)	['juːs]
suco (m) de tomate	tomatjuice (en)	[tʊ'matˌjuːs]
suco (m) de laranja	apelsinjuice (en)	[apɛlʲ'sinˌjuːs]
suco (m) fresco	nypressad juice (en)	['nyˌprɛsad 'juːs]
cerveja (f)	öl (ett)	['øːlʲ]
cerveja (f) clara	ljust öl (ett)	['jʉːstˌøːlʲ]
cerveja (f) preta	mörkt öl (ett)	['mœːrkt ˌøːlʲ]
chá (m)	te (ett)	['teː]
chá (m) preto	svart te (ett)	['svaːt̪ ˌteː]
chá (m) verde	grönt te (ett)	['grœnt teː]

54. Vegetais

vegetais (m pl)	grönsaker (pl)	['grøːnˌsakər]
verdura (f)	grönsaker (pl)	['grøːnˌsakər]
tomate (m)	tomat (en)	[tʊ'mat]
pepino (m)	gurka (en)	['gurka]
cenoura (f)	morot (en)	['mʊˌrʊt]
batata (f)	potatis (en)	[pʊ'tatis]
cebola (f)	lök (en)	['lʲøːk]
alho (m)	vitlök (en)	['vit̪ˌlʲøːk]
couve (f)	kål (en)	['koːlʲ]
couve-flor (f)	blomkål (en)	['blʲumˌkoːlʲ]
couve-de-bruxelas (f)	brysselkål (en)	['brysɛlʲˌkoːlʲ]
brócolis (m pl)	broccoli (en)	['brɔkɔli]
beterraba (f)	rödbeta (en)	['røːdˌbeta]
berinjela (f)	aubergine (en)	[ɔbɛr'ʒin]
abobrinha (f)	squash, zucchini (en)	['skvɔːɕ], [su'kini]
abóbora (f)	pumpa (en)	['pumpa]
nabo (m)	rova (en)	['rʊva]
salsa (f)	persilja (en)	[pɛ'ɕilja]
endro, aneto (m)	dill (en)	['dilʲ]
alface (f)	sallad (en)	['salʲad]
aipo (m)	selleri (en)	['sɛlʲeri]
aspargo (m)	sparris (en)	['sparis]
espinafre (m)	spenat (en)	[spe'nat]
ervilha (f)	ärter (pl)	['æːt̪ər]
feijão (~ soja, etc.)	bönor (pl)	['bønʊr]
milho (m)	majs (en)	['majs]
feijão (m) roxo	böna (en)	['bøna]
pimentão (m)	peppar (en)	['pɛpar]
rabanete (m)	rädisa (en)	['rɛːdisa]
alcachofra (f)	kronärtskocka (en)	['krʊnæːt̪ˌskɔka]

55. Frutos. Nozes

fruta (f)	frukt (en)	['frʉkt]
maçã (f)	äpple (ett)	['ɛplʲe]
pera (f)	päron (ett)	['pæːrɔn]
limão (m)	citron (en)	[si'trʉn]
laranja (f)	apelsin (en)	[apɛlʲ'sin]
morango (m)	jordgubbe (en)	['jʉːd̪gubə]
tangerina (f)	mandarin (en)	[manda'rin]
ameixa (f)	plommon (ett)	['plʲʊmɔn]
pêssego (m)	persika (en)	['pɛʂika]
damasco (m)	aprikos (en)	[apri'kʊs]
framboesa (f)	hallon (ett)	['halʲɔn]
abacaxi (m)	ananas (en)	['ananas]
banana (f)	banan (en)	['banan]
melancia (f)	vattenmelon (en)	['vatən,me'lʲʊn]
uva (f)	druva (en)	['drʉːva]
ginja (f)	körsbär (ett)	['ɕøːʂˌbæːr]
cereja (f)	fågelbär (ett)	['foːgəlʲˌbæːr]
melão (m)	melon (en)	[me'lʲʊn]
toranja (f)	grapefrukt (en)	['grɛjp̩ˌfrʉkt]
abacate (m)	avokado (en)	[avɔ'kadʊ]
mamão (m)	papaya (en)	[pa'paja]
manga (f)	mango (en)	['maŋgʊ]
romã (f)	granatäpple (en)	[gra'natˌɛplʲe]
groselha (f) vermelha	röda vinbär (ett)	['røːda 'vinbæːr]
groselha (f) negra	svarta vinbär (ett)	['svaːʈa 'vinbæːr]
groselha (f) espinhosa	krusbär (ett)	['krʉːsˌbæːr]
mirtilo (m)	blåbär (ett)	['blʲoːˌbæːr]
amora (f) silvestre	björnbär (ett)	['bjøːɳˌbæːr]
passa (f)	russin (ett)	['rusin]
figo (m)	fikon (ett)	['fikɔn]
tâmara (f)	dadel (en)	['dadəlʲ]
amendoim (m)	jordnöt (en)	['jʉːd̪ˌnøːt]
amêndoa (f)	mandel (en)	['mandəlʲ]
noz (f)	valnöt (en)	['valʲˌnøːt]
avelã (f)	hasselnöt (en)	['haselʲˌnøːt]
coco (m)	kokosnöt (en)	['kʊkʊsˌnøːt]
pistaches (m pl)	pistaschnötter (pl)	['pistaʃˌnœtər]

56. Pão. Bolaria

pastelaria (f)	konditorivaror (pl)	[kɔnditʊ'riːˌvarʊr]
pão (m)	bröd (ett)	['brøːd]
biscoito (m), bolacha (f)	småkakor (pl)	['smoːkakʊr]
chocolate (m)	choklad (en)	[ʃɔk'lʲad]
de chocolate	choklad-	[ʃɔk'lʲad-]

bala (f)	konfekt, karamell (en)	[kɔn'fɛkt], [kara'mɛlʲ]
doce (bolo pequeno)	kaka, bakelse (en)	['kaka], ['bakəlʲsə]
bolo (m) de aniversário	tårta (en)	['to:ʈa]

| torta (f) | paj (en) | ['paj] |
| recheio (m) | fyllning (en) | ['fylʲniŋ] |

geleia (m)	sylt (en)	['sylʲt]
marmelada (f)	marmelad (en)	[marme'lʲad]
wafers (m pl)	våffle (en)	['vɔflʲe]
sorvete (m)	glass (en)	['glʲas]
pudim (m)	pudding (en)	['pudiŋ]

57. Especiarias

sal (m)	salt (ett)	['salʲt]
salgado (adj)	salt	['salʲt]
salgar (vt)	att salta	[at 'salʲta]

pimenta-do-reino (f)	svartpeppar (en)	['sva:ʈ‚pɛpar]
pimenta (f) vermelha	rödpeppar (en)	['rø:d‚pɛpar]
mostarda (f)	senap (en)	['se:nap]
raiz-forte (f)	pepparrot (en)	['pɛpa‚rʊt]

condimento (m)	krydda (en)	['krʏda]
especiaria (f)	krydda (en)	['krʏda]
molho (~ inglês)	sås (en)	['so:s]
vinagre (m)	ättika (en)	['ætika]

anis estrelado (m)	anis (en)	['anis]
manjericão (m)	basilika (en)	[ba'silika]
cravo (m)	nejlika (en)	['nɛjlika]
gengibre (m)	ingefära (en)	['iŋə‚fæ:ra]
coentro (m)	koriander (en)	[kɔri'andər]
canela (f)	kanel (en)	[ka'nelʲ]

gergelim (m)	sesam (en)	['sesam]
folha (f) de louro	lagerblad (ett)	['lʲagər‚blʲad]
páprica (f)	paprika (en)	['paprika]
cominho (m)	kummin (en)	['kumin]
açafrão (m)	saffran (en)	['safran]

INFORMAÇÃO PESSOAL. FAMÍLIA

58. Informação pessoal. Formulários

nome (m)	namn (ett)	['namn]
sobrenome (m)	efternamn (ett)	['ɛftə͵ŋamn]
data (f) de nascimento	födelsedatum (ett)	['fø:dəlˡsə͵datum]
local (m) de nascimento	födelseort (en)	['fø:dəlˡsə͵ɔ:t]
nacionalidade (f)	nationalitet (en)	[natʃunali'tet]
lugar (m) de residência	bostadsort (en)	['bostads͵ɔ:t]
país (m)	land (ett)	['lˡand]
profissão (f)	yrke (ett), profession (en)	['yrkə], [prɔfe'ʃun]
sexo (m)	kön (ett)	['çø:n]
estatura (f)	höjd (en)	['hœjd]
peso (m)	vikt (en)	['vikt]

59. Membros da família. Parentes

mãe (f)	mor (en)	['mur]
pai (m)	far (en)	['far]
filho (m)	son (en)	['sɔn]
filha (f)	dotter (en)	['dɔtər]
caçula (f)	yngsta dotter (en)	['yŋsta 'dɔtər]
caçula (m)	yngste son (en)	['yŋstə sɔn]
filha (f) mais velha	äldsta dotter (en)	['ɛlˡsta 'dɔtər]
filho (m) mais velho	äldste son (en)	['ɛlˡstə 'sɔn]
irmão (m)	bror (en)	['brur]
irmão (m) mais velho	storebror (en)	['sturə͵brur]
irmão (m) mais novo	lillebror (en)	['lilˡe͵brur]
irmã (f)	syster (en)	['sʏstər]
irmã (f) mais velha	storasyster (en)	['stura͵sʏstər]
irmã (f) mais nova	lillasyster (en)	['lilˡa͵sʏstər]
primo (m)	kusin (en)	[ku'si:n]
prima (f)	kusin (en)	[ku'si:n]
mamãe (f)	mamma (en)	['mama]
papai (m)	pappa (en)	['papa]
pais (pl)	föräldrar (pl)	[før'ɛlˡdrar]
criança (f)	barn (ett)	['ba:ɳ]
crianças (f pl)	barn (pl)	['ba:ɳ]
avó (f)	mormor, farmor (en)	['murmur], ['farmur]
avô (m)	morfar, farfar (en)	['murfar], ['farfar]
neto (m)	barnbarn (ett)	['ba:ɳ͵ba:ɳ]

| neta (f) | barnbarn (ett) | ['ba:ŋˌba:ŋ] |
| netos (pl) | barnbarn (pl) | ['ba:ŋˌba:ŋ] |

tio (m)	farbror, morbror (en)	['farˌbrʊr], ['mʊrˌbrʊr]
tia (f)	faster, moster (en)	['fastər], ['mʊstər]
sobrinho (m)	brorson, systerson (en)	['brʊrˌsɔn], ['sʏstəˌsɔn]
sobrinha (f)	brorsdotter, systerdotter (en)	['brʊːʂˌdɔtər], ['sʏstəˌdɔtər]

sogra (f)	svärmor (en)	['svæːrˌmʊr]
sogro (m)	svärfar (en)	['svæːrˌfar]
genro (m)	svärson (en)	['svæːˌʂɔn]
madrasta (f)	styvmor (en)	['styvˌmʊr]
padrasto (m)	styvfar (en)	['styvˌfar]

criança (f) de colo	spädbarn (ett)	['spɛːdˌba:ŋ]
bebê (m)	spädbarn (ett)	['spɛːdˌba:ŋ]
menino (m)	baby, bäbis (en)	['bɛːbi], ['bɛːbis]

mulher (f)	hustru (en)	['hʉstrʉ]
marido (m)	man (en)	['man]
esposo (m)	make, äkta make (en)	['makə], ['ɛkta ˌmakə]
esposa (f)	hustru (en)	['hʉstrʉ]

casado (adj)	gift	['jift]
casada (adj)	gift	['jift]
solteiro (adj)	ogift	[ʊː'jift]
solteirão (m)	ungkarl (en)	['uŋˌkar]
divorciado (adj)	frånskild	['froːnˌɦilᶨd]
viúva (f)	änka (en)	['ɛŋka]
viúvo (m)	änkling (en)	['ɛŋkliŋ]

parente (m)	släkting (en)	['slᶨɛktiŋ]
parente (m) próximo	nära släkting (en)	['næːra 'slᶨɛktiŋ]
parente (m) distante	fjärran släkting (en)	['fjæːran 'slᶨɛktiŋ]
parentes (m pl)	släktingar (pl)	['slᶨɛktiŋar]

órfão (m), órfã (f)	föräldralöst barn (ett)	[førˈɛlᶨdralᶨœst 'ba:ŋ]
tutor (m)	förmyndare (en)	['førˌmʏndarə]
adotar (um filho)	att adoptera	[at adɔp'tera]
adotar (uma filha)	att adoptera	[at adɔp'tera]

60. Amigos. Colegas de trabalho

amigo (m)	vän (en)	['vɛːn]
amiga (f)	väninna (en)	[vɛːˈnina]
amizade (f)	vänskap (en)	['vɛnˌskap]
ser amigos	att vara vänner	[at 'vara 'vɛnər]

amigo (m)	vän (en)	['vɛːn]
amiga (f)	väninna (en)	[vɛːˈnina]
parceiro (m)	partner (en)	['pa:ʈnər]
chefe (m)	chef (en)	['ɧef]
superior (m)	överordnad (en)	['øːvərˌɔːɖnat]

proprietário (m)	ägare (en)	['ɛ:garə]
subordinado (m)	underordnad (en)	['undər,ɔ:dnat]
colega (m, f)	kollega (en)	[kɔ'lʲe:ga]

conhecido (m)	bekant (en)	[be'kant]
companheiro (m) de viagem	resekamrat (en)	['resə,kam'rat]
colega (m) de classe	klasskamrat (en)	['klʲas,kam'rat]

vizinho (m)	granne (en)	['granə]
vizinha (f)	granne (en)	['granə]
vizinhos (pl)	grannar (pl)	['granar]

CORPO HUMANO. MEDICINA

61. Cabeça

cabeça (f)	huvud (ett)	['hʉ:vʉd]
rosto, cara (f)	ansikte (ett)	['ansiktə]
nariz (m)	näsa (en)	['nɛ:sa]
boca (f)	mun (en)	['mu:n]
olho (m)	öga (ett)	['ø:ga]
olhos (m pl)	ögon (pl)	['ø:gɔn]
pupila (f)	pupill (en)	[pʉ'pilʲ]
sobrancelha (f)	ögonbryn (ett)	['ø:gɔn͵bryn]
cílio (f)	ögonfrans (en)	['ø:gɔn͵frans]
pálpebra (f)	ögonlock (ett)	['ø:gɔn͵lʲɔk]
língua (f)	tunga (en)	['tuŋa]
dente (m)	tand (en)	['tand]
lábios (m pl)	läppar (pl)	['lʲɛpar]
maçãs (f pl) do rosto	kindben (pl)	['çind͵be:n]
gengiva (f)	tandkött (ett)	['tand͵çœt]
palato (m)	gom (en)	['gʉm]
narinas (f pl)	näsborrar (pl)	['nɛ:s͵bɔrar]
queixo (m)	haka (en)	['haka]
mandíbula (f)	käke (en)	['çɛ:kə]
bochecha (f)	kind (en)	['çind]
testa (f)	panna (en)	['pana]
têmpora (f)	tinning (en)	['tiniŋ]
orelha (f)	öra (ett)	['ø:ra]
costas (f pl) da cabeça	nacke (en)	['nakə]
pescoço (m)	hals (en)	['halʲs]
garganta (f)	strupe, hals (en)	['strʉpə], ['halʲs]
cabelo (m)	hår (pl)	['ho:r]
penteado (m)	frisyr (en)	[fri'syr]
corte (m) de cabelo	klippning (en)	['klipniŋ]
peruca (f)	peruk (en)	[pe'rʉ:k]
bigode (m)	mustasch (en)	[mʉ'sta:ʃ]
barba (f)	skägg (ett)	['ɧɛg]
ter (~ barba, etc.)	att ha	[at 'ha]
trança (f)	fläta (en)	['flʲɛ:ta]
suíças (f pl)	polisonger (pl)	[pɔli'sɔŋər]
ruivo (adj)	rödhårig	['rø:d͵ho:rig]
grisalho (adj)	grå	['gro:]
careca (adj)	skallig	['skalig]
calva (f)	flint	['flint]

| rabo-de-cavalo (m) | hästsvans (en) | ['hɛst̩svans] |
| franja (f) | lugg, pannlugg (en) | [lʉg], ['pan̩lʉg] |

62. Corpo humano

| mão (f) | hand (en) | ['hand] |
| braço (m) | arm (en) | ['arm] |

dedo (m)	finger (ett)	['fiŋər]
dedo (m) do pé	tå (en)	['to:]
polegar (m)	tumme (en)	['tumə]
dedo (m) mindinho	lillfinger (ett)	['lilʲˌfiŋər]
unha (f)	nagel (en)	['nagəlʲ]

punho (m)	knytnäve (en)	['knʏt̩nɛ:və]
palma (f)	handflata (en)	['hand̩flʲata]
pulso (m)	handled (en)	['hand̩lʲed]
antebraço (m)	underarm (en)	['undərˌarm]
cotovelo (m)	armbåge (en)	['armˌbo:gə]
ombro (m)	skuldra (en)	['skʉlʲdra]

perna (f)	ben (ett)	['be:n]
pé (m)	fot (ett)	['fʊt]
joelho (m)	knä (ett)	['knɛ:]
panturrilha (f)	vad (ett)	['vad]
quadril (m)	höft (en)	['hœft]
calcanhar (m)	häl (en)	['hɛ:lʲ]

corpo (m)	kropp (en)	['krɔp]
barriga (f), ventre (m)	mage (en)	['magə]
peito (m)	bröst (ett)	['brœst]
seio (m)	bröst (ett)	['brœst]
lado (m)	sida (en)	['sida]
costas (dorso)	rygg (en)	['rʏg]
região (f) lombar	ländrygg (en)	['lʲɛndˌrʏg]
cintura (f)	midja (en)	['midja]

umbigo (m)	navel (en)	['navəlʲ]
nádegas (f pl)	stjärtar, skinkor (pl)	['ɧæ:ʈar], ['ɧiŋkʊr]
traseiro (m)	bak (en)	['bak]

sinal (m), pinta (f)	leverfläck (ett)	['lʲevərˌflɛk]
sinal (m) de nascença	födelsemärke (ett)	['fø:dəlʲsəˌmæ:rkə]
tatuagem (f)	tatuering (en)	[tatʉ'eriŋ]
cicatriz (f)	ärr (ett)	['ær]

63. Doenças

doença (f)	sjukdom (en)	['ɧʉ:kˌdʊm]
estar doente	att vara sjuk	[at 'vara 'ɧʉ:k]
saúde (f)	hälsa, sundhet (en)	['hɛlʲsa], ['sundˌhet]
nariz (m) escorrendo	snuva (en)	['snʉ:va]

amigdalite (f)	halsfluss, angina (en)	['hal's‚flʉs], [aŋ'gina]
resfriado (m)	förkylning (en)	[før'çylˡniŋ]
ficar resfriado	att bli förkyld	[at bli før'çylˡd]
bronquite (f)	bronkit (en)	[broŋ'kit]
pneumonia (f)	lunginflammation (en)	['lʉŋˌinflˡama'ɧʊn]
gripe (f)	influensa (en)	[inflʉ'ɛnsa]
míope (adj)	närsynt	['næːˌsʏnt]
presbita (adj)	långsynt	['lˡɔŋˌsʏnt]
estrabismo (m)	skelögdhet (en)	['ɧelˡøgdˌhet]
estrábico, vesgo (adj)	skelögd	['ɧelˡˌøgd]
catarata (f)	grå starr (en)	['groː 'star]
glaucoma (m)	grön starr (en)	['grøːn 'star]
AVC (m), apoplexia (f)	stroke (en), hjärnslag (ett)	['stroːk], ['jæːnˌslˡag]
ataque (m) cardíaco	infarkt (en)	[in'farkt]
enfarte (m) do miocárdio	hjärtinfarkt (en)	['jæːʈ in'farkt]
paralisia (f)	förlamning (en)	[fœː'lˡamniŋ]
paralisar (vt)	att förlama	[at fœː'lˡama]
alergia (f)	allergi (en)	[alˡer'gi]
asma (f)	astma (en)	['astma]
diabetes (f)	diabetes (en)	[dia'betəs]
dor (f) de dente	tandvärk (en)	['tandˌvæːrk]
cárie (f)	karies (en)	['karies]
diarreia (f)	diarré (en)	[dia're:]
prisão (f) de ventre	förstoppning (en)	[fœː'ʂtopniŋ]
desarranjo (m) intestinal	magbesvär (ett)	['magˌbe'svɛːr]
intoxicação (f) alimentar	matförgiftning (en)	['matˌfør'jiftniŋ]
intoxicar-se	att få matförgiftning	[at fo: 'matˌfør'jiftniŋ]
artrite (f)	artrit (en)	[a'ʈrit]
raquitismo (m)	rakitis (en)	[ra'kitis]
reumatismo (m)	reumatism (en)	[revma'tism]
arteriosclerose (f)	åderförkalkning (en)	['oːdɛrfør‚kalˡkniŋ]
gastrite (f)	gastrit (en)	[ga'strit]
apendicite (f)	appendicit (en)	[apɛndi'sit]
colecistite (f)	cholecystit (en)	[holəsys'tit]
úlcera (f)	magsår (ett)	['magˌsoːr]
sarampo (m)	mässling (en)	['mɛsˌliŋ]
rubéola (f)	röda hund (en)	['røːda 'hund]
icterícia (f)	gulsot (en)	['gʉːlˡˌsʉt]
hepatite (f)	hepatit (en)	[hepa'tit]
esquizofrenia (f)	schizofreni (en)	[skitsɔfre'niː]
raiva (f)	rabies (en)	['rabies]
neurose (f)	neuros (en)	[nev'rɔs]
contusão (f) cerebral	hjärnskakning (en)	['jæːnˌʂkakniŋ]
câncer (m)	cancer (en)	['kansər]
esclerose (f)	skleros (en)	[sklˡe'rɔs]

esclerose (f) múltipla	multipel skleros (en)	[mʉlʲ'tipəlʲ sklʲeˈrɔs]
alcoolismo (m)	alkoholism (en)	[alʲkʉhɔˈlizm]
alcoólico (m)	alkoholist (en)	[alʲkʉhɔˈlist]
sífilis (f)	syfilis (en)	['syfilis]
AIDS (f)	AIDS	['ɛjds]

tumor (m)	tumör (en)	[tʉˈmøːr]
maligno (adj)	elakartad	['ɛlʲakˌaːʈad]
benigno (adj)	godartad	['gʊdˌaːʈad]

febre (f)	feber (en)	['febər]
malária (f)	malaria (en)	[maˈlʲaria]
gangrena (f)	kallbrand (en)	['kalʲˌbrand]
enjoo (m)	sjösjuka (en)	['ɧøːˌɧʉːka]
epilepsia (f)	epilepsi (en)	[epilʲepˈsiː]

epidemia (f)	epidemi (en)	[ɛpideˈmiː]
tifo (m)	tyfus (en)	['tyfʉs]
tuberculose (f)	tuberkulos (en)	[tʉbɛrkʉ'lʲɔs]
cólera (f)	kolera (en)	['kʊlʲera]
peste (f) bubônica	pest (en)	['pɛst]

64. Sintomas. Tratamentos. Parte 1

sintoma (m)	symptom (ett)	[sʏmp'tɔm]
temperatura (f)	temperatur (en)	[tɛmpəraˈtʉːr]
febre (f)	hög temperatur (en)	['høːg tɛmpəraˈtʉːr]
pulso (m)	puls (en)	['pulʲs]

vertigem (f)	yrsel, svindel (en)	['yːʂəlʲ], ['svindəlʲ]
quente (testa, etc.)	varm	['varm]
calafrio (m)	rysning (en)	['rʏsniŋ]
pálido (adj)	blek	['blʲek]

tosse (f)	hosta (en)	['hʊsta]
tossir (vi)	att hosta	[at 'hʊsta]
espirrar (vi)	att nysa	[at 'nysa]
desmaio (m)	svimning (en)	['svimniŋ]
desmaiar (vi)	att svimma	[at 'svima]

mancha (f) preta	blåmärke (ett)	['blʲoːˌmæːrkə]
galo (m)	bula (en)	['bʉːlʲa]
machucar-se (vr)	att slå sig	[at 'slʲoː sɛj]
contusão (f)	blåmärke (ett)	['blʲoːˌmæːrkə]
machucar-se (vr)	att slå sig	[at 'slʲoː sɛj]

mancar (vi)	att halta	[at 'halʲta]
deslocamento (f)	vrickning (en)	['vrikniŋ]
deslocar (vt)	att förvrida	[at før'vrida]
fratura (f)	brott (ett), fraktur (en)	['brɔt], [frak'tʉːr]
fraturar (vt)	att få en fraktur	[at foː en frak'tʉːr]

corte (m)	skärsår (ett)	['ɧæːˌʂoːr]
cortar-se (vr)	att skära sig	[at 'ɧæːra sɛj]

hemorragia (f)	blödning (en)	['blʲœdniŋ]
queimadura (f)	brännsår (ett)	['brɛnˌsoːr]
queimar-se (vr)	att bränna sig	[at 'brɛna sɛj]
picar (vt)	att sticka	[at 'stika]
picar-se (vr)	att sticka sig	[at 'stika sɛj]
lesionar (vt)	att skada	[at 'skada]
lesão (m)	skada (en)	['skada]
ferida (f), ferimento (m)	sår (ett)	['soːr]
trauma (m)	trauma (en)	['travma]
delirar (vi)	att tala i feberyra	[at 'talʲa i 'febəryra]
gaguejar (vi)	att stamma	[at 'stama]
insolação (f)	solsting (ett)	['sʊlʲˌstiŋ]

65. Sintomas. Tratamentos. Parte 2

dor (f)	värk, smärta (en)	['væːrk], ['smɛta]
farpa (no dedo, etc.)	sticka (en)	['stika]
suor (m)	svett (en)	['svɛt]
suar (vi)	att svettas	[at 'svɛtas]
vômito (m)	kräkning (en)	['krɛkniŋ]
convulsões (f pl)	kramper (pl)	['krampər]
grávida (adj)	gravid	[gra'vid]
nascer (vi)	att födas	[at 'føːdas]
parto (m)	förlossning (en)	[fœː'lʲɔsniŋ]
dar à luz	att föda	[at 'føːda]
aborto (m)	abort (en)	[a'bɔːt]
respiração (f)	andning (en)	['andniŋ]
inspiração (f)	inandning (en)	['inˌandniŋ]
expiração (f)	utandning (en)	['ʉtˌandniŋ]
expirar (vi)	att andas ut	[at 'andas ʉt]
inspirar (vi)	att andas in	[at 'andas in]
inválido (m)	handikappad person (en)	['handiˌkapad pɛ'sʊn]
aleijado (m)	krympling (en)	['krʏmpliŋ]
drogado (m)	narkoman (en)	[narkʉ'man]
surdo (adj)	döv	['døːv]
mudo (adj)	stum	['stuːm]
surdo-mudo (adj)	dövstum	['døːvˌstuːm]
louco, insano (adj)	mentalsjuk, galen	['mental'ɧʉːk], ['galʲen]
louco (m)	dåre, galning (en)	['doːrə], ['galʲniŋ]
louca (f)	dåre, galning (en)	['doːrə], ['galʲniŋ]
ficar louco	att bli sinnessjuk	[at bli 'sinɛsˌɧʉːk]
gene (m)	gen (en)	['jen]
imunidade (f)	immunitet (en)	[imʉni'teːt]
hereditário (adj)	ärftlig	['æːrftlig]
congênito (adj)	medfödd	['medˌfœd]

vírus (m)	virus (ett)	['viːrʉs]
micróbio (m)	mikrob (en)	[mi'krɔb]
bactéria (f)	bakterie (en)	[bak'teriə]
infecção (f)	infektion (en)	[infɛk'ɧʊn]

66. Sintomas. Tratamentos. Parte 3

| hospital (m) | sjukhus (ett) | ['ɧʉːkˌhʉs] |
| paciente (m) | patient (en) | [pasi'ent] |

diagnóstico (m)	diagnos (en)	[dia'gnɔs]
cura (f)	kur (en)	['kʉːr]
tratamento (m) médico	behandling (en)	[be'handliŋ]
curar-se (vr)	att bli behandlad	[at bli be'handlʲad]
tratar (vt)	att behandla	[at be'handlʲa]
cuidar (pessoa)	att sköta	[at 'ɧøːta]
cuidado (m)	vård (en)	['voːɖ]

operação (f)	operation (en)	[ɔpera'ɧʊn]
enfaixar (vt)	att förbinda	[at før'binda]
enfaixamento (m)	förbindning (en)	[før'bindniŋ]

vacinação (f)	vaccination (en)	[vaksina'ɧʊn]
vacinar (vt)	att vaksinera	[at vaksi'nera]
injeção (f)	injektion (en)	[injɛk'ɧʊn]
dar uma injeção	att ge en spruta	[at jeː en 'sprʉta]

ataque (~ de asma, etc.)	anfall (ett), attack (en)	['anfalʲ], [a'tak]
amputação (f)	amputation (en)	[ampʉta'ɧʊn]
amputar (vt)	att amputera	[at ampʉ'tera]
coma (f)	koma (ett)	['kɔma]
estar em coma	att ligga i koma	[at 'liga i 'kɔma]
reanimação (f)	intensivavdelning (en)	[intɛn'sivˌav'dɛlʲniŋ]

recuperar-se (vr)	att återhämta sig	[at 'oːterˌhɛmta sɛj]
estado (~ de saúde)	tillstånd (ett)	['tilʲˌstɔnd]
consciência (perder a ~)	medvetande (ett)	['medˌvetandə]
memória (f)	minne (ett)	['minə]

tirar (vt)	att dra ut	[at 'dra ʉt]
obturação (f)	plomb (en)	['plʲɔmb]
obturar (vt)	att plombera	[at plʲɔm'bera]

| hipnose (f) | hypnos (en) | [hʏp'nɔs] |
| hipnotizar (vt) | att hypnotisera | [at 'hʏpnɔtiˌsera] |

67. Medicina. Drogas. Acessórios

medicamento (m)	medicin (en)	[medi'sin]
remédio (m)	medel (ett)	['medəlʲ]
receitar (vt)	att ordinera	[at oːɖi'nera]
receita (f)	recept (ett)	[re'sɛpt]

comprimido (m)	tablett (en)	[tab'lʲet]
unguento (m)	salva (en)	['salʲva]
ampola (f)	ampull (en)	[am'pulʲ]
solução, preparado (m)	mixtur (en)	[miks'tʉːr]
xarope (m)	sirap (en)	['sirap]
cápsula (f)	piller (ett)	['pilʲer]
pó (m)	pulver (ett)	['pulʲvər]

atadura (f)	gasbinda (en)	['gas‚binda]
algodão (m)	vadd (en)	['vad]
iodo (m)	jod (en)	['jʊd]

curativo (m) adesivo	plåster (ett)	['plʲɔstər]
conta-gotas (m)	pipett (en)	[pi'pɛt]
termômetro (m)	termometer (en)	[tɛrmʊ'metər]
seringa (f)	spruta (en)	['sprʉta]

| cadeira (f) de rodas | rullstol (en) | ['rʉlʲ‚stʊlʲ] |
| muletas (f pl) | kryckor (pl) | ['krʏkʊr] |

analgésico (m)	smärtstillande medel (ett)	['smæːt‚stilʲande 'medəlʲ]
laxante (m)	laxermedel (ett)	['lʲaksər 'medəlʲ]
álcool (m)	sprit (en)	['sprit]
ervas (f pl) medicinais	läkeväxter (pl)	['lʲɛkə‚vɛkstər]
de ervas (chá ~)	ört-	['øːt-]

APARTAMENTO

68. Apartamento

apartamento (m)	lägenhet (en)	['lʲeːgənˌhet]
quarto, cômodo (m)	rum (ett)	['ruːm]
quarto (m) de dormir	sovrum (ett)	['sɔvˌrum]
sala (f) de jantar	matsal (en)	['matsalʲ]
sala (f) de estar	vardagsrum (ett)	['vaːdasˌrum]
escritório (m)	arbetsrum (ett)	['arbetsˌrum]
sala (f) de entrada	entréhall (en)	[ɛntreːhalʲ]
banheiro (m)	badrum (ett)	['badˌruːm]
lavabo (m)	toalett (en)	[tʊa'lʲet]
teto (m)	tak (ett)	['tak]
chão, piso (m)	golv (ett)	['gɔlʲv]
canto (m)	hörn (ett)	['høːŋ]

69. Mobiliário. Interior

mobiliário (m)	möbel (en)	['møːbəlʲ]
mesa (f)	bord (ett)	['bʊːɖ]
cadeira (f)	stol (en)	['stʊlʲ]
cama (f)	säng (en)	['sɛŋ]
sofá, divã (m)	soffa (en)	['sɔfa]
poltrona (f)	fåtölj, länstol (en)	[fo:'tœlj], ['lɛnˌstʊlʲ]
estante (f)	bokhylla (en)	['bʊkˌhylʲa]
prateleira (f)	hylla (en)	['hylʲa]
guarda-roupas (m)	garderob (en)	[ga:ɖə'rɔːb]
cabide (m) de parede	knagg (en)	['knag]
cabideiro (m) de pé	klädhängare (en)	['klʲɛdˌhɛŋarə]
cômoda (f)	byrå (en)	['byrɔː]
mesinha (f) de centro	soffbord (ett)	['sɔfˌbʊːɖ]
espelho (m)	spegel (en)	['spegəlʲ]
tapete (m)	matta (en)	['mata]
tapete (m) pequeno	liten matta (en)	['lʲitən 'mata]
lareira (f)	kamin (en), eldstad (ett)	[ka'min], ['ɛlʲdˌstad]
vela (f)	ljus (ett)	['jʉːs]
castiçal (m)	ljusstake (en)	['jʉːsˌstakə]
cortinas (f pl)	gardiner (pl)	[ga:'ɖinər]
papel (m) de parede	tapet (en)	[ta'pet]

persianas (f pl)	persienn (en)	[pɛ'sjen]
luminária (f) de mesa	bordslampa (en)	['bʊ:ɖs͵lʲampa]
luminária (f) de parede	vägglampa (en)	['vɛɡ͵lʲampa]
abajur (m) de pé	golvlampa (en)	['ɡolʲv͵lʲampa]
lustre (m)	ljuskrona (en)	['jʉ:s͵krʊna]

pé (de mesa, etc.)	ben (ett)	['be:n]
braço, descanso (m)	armstöd (ett)	['arm͵stø:d]
costas (f pl)	rygg (en)	['rʏɡ]
gaveta (f)	låda (en)	['lʲo:da]

70. Quarto de dormir

roupa (f) de cama	sängkläder (pl)	['sɛŋ͵klʲɛ:dər]
travesseiro (m)	kudde (en)	['kudə]
fronha (f)	örngott (ett)	['ø:n͵ɡot]
cobertor (m)	duntäcke (ett)	['dʉ:n͵tɛkə]
lençol (m)	lakan (ett)	['lʲakan]
colcha (f)	överkast (ett)	['ø:və͵kast]

71. Cozinha

cozinha (f)	kök (ett)	['ɕø:k]
gás (m)	gas (en)	['ɡas]
fogão (m) a gás	gasspis (en)	['ɡas͵spis]
fogão (m) elétrico	elektrisk spis (en)	[ɛ'lʲektrisk ͵spis]
forno (m)	bakugn (en)	['bak͵ugn]
forno (m) de micro-ondas	mikrovågsugn (en)	['mikrʊvɔɡs͵ugn]

geladeira (f)	kylskåp (ett)	['ɕylʲ͵sko:p]
congelador (m)	frys (en)	['frʏs]
máquina (f) de lavar louça	diskmaskin (en)	['disk͵ma'ɧi:n]

moedor (m) de carne	köttkvarn (en)	['ɕœt͵kva:ɳ]
espremedor (m)	juicepress (en)	['ju:s͵prɛs]
torradeira (f)	brödrost (en)	['brø:d͵rɔst]
batedeira (f)	mixer (en)	['miksər]

máquina (f) de café	kaffebryggare (en)	['kafə͵brʏɡarə]
cafeteira (f)	kaffekanna (en)	['kafə͵kana]
moedor (m) de café	kaffekvarn (en)	['kafə͵kva:ɳ]

chaleira (f)	tekittel (en)	['te͵ɕitəlʲ]
bule (m)	tekanna (en)	['te͵kana]
tampa (f)	lock (ett)	['lʲɔk]
coador (m) de chá	tesil (en)	['te͵silʲ]

colher (f)	sked (en)	['ɧed]
colher (f) de chá	tesked (en)	['te͵ɧed]
colher (f) de sopa	matsked (en)	['mat͵ɧed]
garfo (m)	gaffel (en)	['ɡafəlʲ]
faca (f)	kniv (en)	['kniv]

louça (f)	servis (en)	[sɛr'vis]
prato (m)	tallrik (en)	['talʲrik]
pires (m)	tefat (ett)	['te‚fat]
cálice (m)	shotglas (ett)	['ʃot‚glʲas]
copo (m)	glas (ett)	['glʲas]
xícara (f)	kopp (en)	['kop]
açucareiro (m)	sockerskål (en)	['sɔkə:‚ʂko:lʲ]
saleiro (m)	saltskål (en)	['salʲt‚sko:lʲ]
pimenteiro (m)	pepparskål (en)	['pɛpa‚ʂko:lʲ]
manteigueira (f)	smörfat (en)	['smœr‚fat]
panela (f)	kastrull, gryta (en)	[ka'strulʲ], ['gryta]
frigideira (f)	stekpanna (en)	['stek‚pana]
concha (f)	slev (en)	['slʲev]
coador (m)	durkslag (ett)	['durk‚slʲag]
bandeja (f)	bricka (en)	['brika]
garrafa (f)	flaska (en)	['flʲaska]
pote (m) de vidro	glasburk (en)	['glʲas‚burk]
lata (~ de cerveja)	burk (en)	['burk]
abridor (m) de garrafa	flasköppnare (en)	['flʲask‚øpnarə]
abridor (m) de latas	burköppnare (en)	['burk‚øpnarə]
saca-rolhas (m)	korkskruv (en)	['kɔrk‚skrʉ:v]
filtro (m)	filter (ett)	['filʲtər]
filtrar (vt)	att filtrera	[at filʲ'trera]
lixo (m)	sopor, avfall (ett)	['sʊpʊr], ['avfalʲ]
lixeira (f)	sophink (en)	['sʊp‚hiŋk]

72. Casa de banho

banheiro (m)	badrum (ett)	['bad‚ru:m]
água (f)	vatten (ett)	['vatən]
torneira (f)	kran (en)	['kran]
água (f) quente	varmvatten (ett)	['varm‚vatən]
água (f) fria	kallvatten (ett)	['kalʲ‚vatən]
pasta (f) de dente	tandkräm (en)	['tand‚krɛm]
escovar os dentes	att borsta tänderna	[at 'bɔ:ʂta 'tɛndɛ:ɳa]
escova (f) de dente	tandborste (en)	['tand‚bɔ:ʂtə]
barbear-se (vr)	att raka sig	[at 'raka sɛj]
espuma (f) de barbear	raklödder (ett)	['rak‚lʲødər]
gilete (f)	hyvel (en)	['hyvəlʲ]
lavar (vt)	att tvätta	[at 'tvæta]
tomar banho	att tvätta sig	[at 'tvæta sɛj]
chuveiro (m), ducha (f)	dusch (en)	['duʃ]
tomar uma ducha	att duscha	[at 'duʃa]
banheira (f)	badkar (ett)	['bad‚kar]
vaso (m) sanitário	toalettstol (en)	[tʊa'lʲet‚stʊlʲ]

pia (f)	handfat (ett)	['hand,fat]
sabonete (m)	tvål (en)	['tvo:lʲ]
saboneteira (f)	tvålskål (en)	['tvo:lʲ,sko:lʲ]

esponja (f)	svamp (en)	['svamp]
xampu (m)	schampo (ett)	['ʃam,pʊ]
toalha (f)	handduk (en)	['hand,dɵ:k]
roupão (m) de banho	morgonrock (en)	['mɔrgɔn,rɔk]

lavagem (f)	tvätt (en)	['tvæt]
lavadora (f) de roupas	tvättmaskin (en)	['tvæt,ma'ɧi:n]
lavar a roupa	att tvätta kläder	[at 'tvæta 'klʲɛ:der]
detergente (m)	tvättmedel (ett)	['tvæt,medelʲ]

73. Eletrodomésticos

televisor (m)	teve (en)	['teve]
gravador (m)	bandspelare (en)	['band,spelʲare]
videogravador (m)	video (en)	['videʊ]
rádio (m)	radio (en)	['radiʊ]
leitor (m)	spelare (en)	['spelʲare]

projetor (m)	videoprojektor (en)	['videʊ prʊ'jɛktʊr]
cinema (m) em casa	hemmabio (en)	['hɛma,bi:ʊ]
DVD Player (m)	DVD spelare (en)	[deve'de: ,spelʲare]
amplificador (m)	förstärkare (en)	[fœ:'ʂtæ:kare]
console (f) de jogos	spelkonsol (en)	['spelʲ kɔn'sɔlʲ]

câmera (f) de vídeo	videokamera (en)	['videʊ,kamera]
máquina (f) fotográfica	kamera (en)	['kamera]
câmera (f) digital	digitalkamera (en)	[digi'talʲ ,kamera]

aspirador (m)	dammsugare (en)	['dam,sɵgare]
ferro (m) de passar	strykjärn (ett)	['stryk,jæ:n]
tábua (f) de passar	strykbräda (en)	['stryk,brɛ:da]

telefone (m)	telefon (en)	[telʲe'fon]
celular (m)	mobiltelefon (en)	[mɔ'bilʲ telʲe'fon]
máquina (f) de escrever	skrivmaskin (en)	['skriv,ma'ɧi:n]
máquina (f) de costura	symaskin (en)	['sy,ma'ɧi:n]

microfone (m)	mikrofon (en)	[mikrʊ'fon]
fone (m) de ouvido	hörlurar (pl)	['hœ:,lʲɵ:rar]
controle remoto (m)	fjärrkontroll (en)	['fjæ:r,kɔn'trolʲ]

CD (m)	cd-skiva (en)	['sede ,ɧiva]
fita (f) cassete	kassett (en)	[ka'sɛt]
disco (m) de vinil	skiva (en)	['ɧiva]

A TERRA. TEMPO

74. Espaço sideral

espaço, cosmo (m)	rymden, kosmos (ett)	[rʏmden], ['kosmɔs]
espacial, cósmico (adj)	rymd-	['rʏmd-]
espaço (m) cósmico	yttre rymd (en)	['ytrə ˌrʏmd]
mundo (m)	värld (en)	['væːɖ]
universo (m)	universum (ett)	[uni'vɛːʂum]
galáxia (f)	galax (en)	[ga'lʲaks]
estrela (f)	stjärna (en)	['ɧæːɳa]
constelação (f)	stjärnbild (en)	['ɧæːɳˌbilʲd]
planeta (m)	planet (en)	[plʲa'net]
satélite (m)	satellit (en)	[satɛ'liːt]
meteorito (m)	meteorit (en)	[meteʊ'rit]
cometa (m)	komet (en)	[kʊ'met]
asteroide (m)	asteroid (en)	[asterʊ'id]
órbita (f)	bana (en)	['bana]
girar (vi)	att rotera	[at rʊ'tera]
atmosfera (f)	atmosfär (en)	[atmʊ'sfæːr]
Sol (m)	Solen	['sʊlʲən]
Sistema (m) Solar	solsystem (ett)	['sʊlʲ ˌsʏ'stem]
eclipse (m) solar	solförmörkelse (en)	['sʊlʲfør'mœːrkəlʲsə]
Terra (f)	Jorden	['jʊːɖən]
Lua (f)	Månen	['moːnən]
Marte (m)	Mars	['maːʂ]
Vênus (f)	Venus	['veːnus]
Júpiter (m)	Jupiter	['jupitər]
Saturno (m)	Saturnus	[sa'tuːɳus]
Mercúrio (m)	Merkurius	[mɛr'kʉrius]
Urano (m)	Uranus	[ʉ'ranus]
Netuno (m)	Neptunus	[nep'tʉnus]
Plutão (m)	Pluto	['plʉtʊ]
Via Láctea (f)	Vintergatan	['vintəˌgatan]
Ursa Maior (f)	Stora bjornen	['stʊra 'bjʊːɳən]
Estrela Polar (f)	Polstjärnan	['pʊlʲ ˌɧæːɳan]
marciano (m)	marsian (en)	[maːʂi'an]
extraterrestre (m)	utomjording (en)	['ʉtomˌjʊːdisk]
alienígena (m)	rymdväsen (ett)	['rʏmdˌvɛsən]

disco (m) voador	flygande tefat (ett)	['fliygandə 'tefat]
espaçonave (f)	rymdskepp (ett)	['rʏmd‚ɧɛp]
estação (f) orbital	rymdstation (en)	['rʏmd sta'ɧʊn]
lançamento (m)	start (en)	['sta:t]

motor (m)	motor (en)	['mʊtʊr]
bocal (m)	dysa (en)	['dysa]
combustível (m)	bränsle (ett)	['brɛnslie]

cabine (f)	cockpit, flygdäck (en)	['kɔkpit], ['flʏg‚dɛk]
antena (f)	antenn (en)	[an'tɛn]

vigia (f)	fönster (ett)	['fœnstər]
bateria (f) solar	solbatteri (ett)	['sʊli‚batɛ'ri:]
traje (m) espacial	rymddräkt (en)	['rʏmd‚drɛkt]

imponderabilidade (f)	tyngdlöshet (en)	['tʏŋdlios‚het]
oxigênio (m)	syre, oxygen (ett)	['syrə], ['oksygən]

acoplagem (f)	dockning (en)	['dɔkniŋ]
fazer uma acoplagem	att docka	[at 'dɔka]

observatório (m)	observatorium (ett)	[ɔbsɛrva'tʊrium]
telescópio (m)	teleskop (ett)	[telie'skɔp]

observar (vt)	att observera	[at ɔbsɛr'vera]
explorar (vt)	att utforska	[at 'ʉt‚fɔ:ʂka]

75. A Terra

Terra (f)	Jorden	['jʊ:ɖən]
globo terrestre (Terra)	jordklot (ett)	['jʊ:ɖ‚kliʊt]
planeta (m)	planet (en)	[plia'net]

atmosfera (f)	atmosfär (en)	[atmʊ'sfæ:r]
geografia (f)	geografi (en)	[jeʊgra'fi:]
natureza (f)	natur (en)	[na'tʉ:r]

globo (mapa esférico)	glob (en)	['gliʊb]
mapa (m)	karta (en)	['ka:ʈa]
atlas (m)	atlas (en)	['atlias]

Europa (f)	Europa	[eu'rʊpa]
Ásia (f)	Asien	['asiən]

África (f)	Afrika	['afrika]
Austrália (f)	Australien	[au'straliən]

América (f)	Amerika	[a'merika]
América (f) do Norte	Nordamerika	['nʊ:ɖ a'merika]
América (f) do Sul	Sydamerika	['syd a'merika]

Antártida (f)	Antarktis	[an'tarktis]
Ártico (m)	Arktis	['arktis]

76. Pontos cardeais

norte (m)	norr	['nɔr]
para norte	norrut	['nɔrʉt]
no norte	i norr	[i 'nɔr]
do norte (adj)	nordlig	['nuːdlig]

sul (m)	söder (en)	['søːdər]
para sul	söderut	['søːdərʉt]
no sul	i söder	[i 'søːdər]
do sul (adj)	syd-, söder	['syd-], ['søːdər]

oeste, ocidente (m)	väster (en)	['vɛstər]
para oeste	västerut	['vɛstərʉt]
no oeste	i väst	[i vɛst]
ocidental (adj)	västra	['vɛstra]

leste, oriente (m)	öster (en)	['œstər]
para leste	österut	['œstərʉt]
no leste	i öst	[i 'œst]
oriental (adj)	östra	['œstra]

77. Mar. Oceano

mar (m)	hav (ett)	['hav]
oceano (m)	ocean (en)	[ʊsə'an]
golfo (m)	bukt (en)	['bʊkt]
estreito (m)	sund (ett)	['sund]

terra (f) firme	fastland (ett)	['fast,lʲand]
continente (m)	fastland (ett), kontinent (en)	['fast,lʲand], [kɔnti'nɛnt]
ilha (f)	ö (en)	['øː]
península (f)	halvö (en)	['halʲv,øː]
arquipélago (m)	skärgård, arkipelag (en)	['ɧæːr,gɔːd], [arkipe'lʲag]

baía (f)	bukt (en)	['bʊkt]
porto (m)	hamn (en)	['hamn]
lagoa (f)	lagun (en)	[lʲa'gʉːn]
cabo (m)	udde (en)	['udə]

atol (m)	atoll (en)	[a'tɔlʲ]
recife (m)	rev (ett)	['rev]
coral (m)	korall (en)	[kɔ'ralʲ]
recife (m) de coral	korallrev (ett)	[kɔ'ralʲ,rev]

profundo (adj)	djup	['jʉːp]
profundidade (f)	djup (ett)	['jʉːp]
abismo (m)	avgrund (en)	['av,grʉnd]
fossa (f) oceânica	djuphavsgrav (en)	['jʉːphavs,grav]

corrente (f)	ström (en)	['strøːm]
banhar (vt)	att omge	[at 'ɔmje]
litoral (m)	kust (en)	['kust]

costa (f)	kust (en)	['kust]
maré (f) alta	flod (en)	['flˡʊd]
refluxo (m)	ebb (en)	['ɛb]
restinga (f)	sandbank (en)	['sand͵baŋk]
fundo (m)	botten (en)	['bɔtən]

onda (f)	våg (en)	['voːg]
crista (f) da onda	vågkam (en)	['voːg͵kam]
espuma (f)	skum (ett)	['skum]

tempestade (f)	storm (en)	['stɔrm]
furacão (m)	orkan (en)	[ɔr'kan]
tsunami (m)	tsunami (en)	[tsu'nami]
calmaria (f)	stiltje (en)	['stilˡtjə]
calmo (adj)	stilla	['stilˡa]

| polo (m) | pol (en) | ['pʊlˡ] |
| polar (adj) | pol-, polar- | ['pʊlˡ-], [pʊ'lˡar-] |

latitude (f)	latitud (en)	[lˡati'tʉːd]
longitude (f)	longitud (en)	[lˡɔŋi'tʉːd]
paralela (f)	breddgrad (en)	['brɛd͵grad]
equador (m)	ekvator (en)	[ɛ'kvatʊr]

céu (m)	himmel (en)	['himəlˡ]
horizonte (m)	horisont (en)	[hʊri'sɔnt]
ar (m)	luft (en)	['lʉft]

farol (m)	fyr (en)	['fyr]
mergulhar (vi)	att dyka	[at 'dyka]
afundar-se (vr)	att sjunka	[at 'ɧuŋka]
tesouros (m pl)	skatter (pl)	['skatər]

78. Nomes de Mares e Oceanos

Oceano (m) Atlântico	Atlanten	[at'lˡantən]
Oceano (m) Índico	Indiska oceanen	['indiska ʊsə'anən]
Oceano (m) Pacífico	Stilla havet	['stilˡa 'havɛt]
Oceano (m) Ártico	Norra ishavet	['nɔra ͵is'havɛt]

Mar (m) Negro	Svarta havet	['svaːʈa 'havɛt]
Mar (m) Vermelho	Röda havet	['røːda 'havɛt]
Mar (m) Amarelo	Gula havet	['gʉːlˡa 'havɛt]
Mar (m) Branco	Vita havet	['vita 'havɛt]

Mar (m) Cáspio	Kaspiska havet	['kaspiska 'havɛt]
Mar (m) Morto	Döda havet	['døːda 'havɛt]
Mar (m) Mediterrâneo	Medelhavet	['medəlˡ͵havɛt]

| Mar (m) Egeu | Egeiska havet | [ɛ'gejska 'havɛt] |
| Mar (m) Adriático | Adriatiska havet | [adri'atiska 'havɛt] |

| Mar (m) Arábico | Arabiska havet | [a'rabiska 'havɛt] |
| Mar (m) do Japão | Japanska havet | [ja'panska 'havɛt] |

| Mar (m) de Bering | Beringshavet | ['berings,havɛt] |
| Mar (m) da China Meridional | Sydkinesiska havet | ['sydɕi,nesiska 'havɛt] |

Mar (m) de Coral	Korallhavet	[kɔ'ralʲ,havɛt]
Mar (m) de Tasman	Tasmanhavet	[tas'man,havɛt]
Mar (m) do Caribe	Karibiska havet	[ka'ribiska 'havɛt]

| Mar (m) de Barents | Barentshavet | ['barɛnts,havɛt] |
| Mar (m) de Kara | Karahavet | ['kara,havɛt] |

Mar (m) do Norte	Nordsjön	['nuː:ɖ,ɧøː:n]
Mar (m) Báltico	Östersjön	['œstɛː:,ɧøː:n]
Mar (m) da Noruega	Norska havet	['nɔː:ʂka 'havɛt]

79. Montanhas

montanha (f)	berg (ett)	['bɛrj]
cordilheira (f)	bergskedja (en)	['bɛrj,ɕedja]
serra (f)	bergsrygg (en)	['bɛrjs,rʏg]

cume (m)	topp (en)	['tɔp]
pico (m)	tinne (en)	['tinə]
pé (m)	fot (en)	['fʊt]
declive (m)	sluttning (en)	['slʉ:tniŋ]

vulcão (m)	vulkan (en)	[vulʲ'kan]
vulcão (m) ativo	verksam vulkan (en)	['vɛrksam vulʲ'kan]
vulcão (m) extinto	slocknad vulkan (en)	['slʲoknad vulʲ'kan]

erupção (f)	utbrott (ett)	['ʉt,brɔt]
cratera (f)	krater (en)	['kratər]
magma (m)	magma (en)	['magma]
lava (f)	lava (en)	['lʲava]
fundido (lava ~a)	glödgad	['glʲœdgad]

cânion, desfiladeiro (m)	kanjon (en)	['kanjɔn]
garganta (f)	klyfta (en)	['klʲyfta]
fenda (f)	skreva (en)	['skreva]
precipício (m)	avgrund (en)	['av,grʉnd]

passo, colo (m)	pass (ett)	['pas]
planalto (m)	platå (en)	[plʲa'toː:]
falésia (f)	klippa (en)	['klipa]
colina (f)	kulle, backe (en)	['kulʲə], ['bakə]

geleira (f)	glaciär, jökel (en)	[glʲas'jæː:r], ['jøː:kəlʲ]
cachoeira (f)	vattenfall (ett)	['vatən,falʲ]
gêiser (m)	gejser (en)	['gɛjsər]
lago (m)	sjö (en)	['ɧøː:]

planície (f)	slätt (en)	['slʲæt]
paisagem (f)	landskap (ett)	['lʲaŋ,skap]
eco (m)	eko (ett)	['ɛkʊ]
alpinista (m)	alpinist (en)	['alʲpi,nist]

escalador (m)	bergsbestigare (en)	['bɛrjs,be'stigarə]
conquistar (vt)	att erövra	[at ɛ'rœvra]
subida, escalada (f)	bestigning (en)	[be'stigniŋ]

80. Nomes de montanhas

Alpes (m pl)	Alperna	['alᵖpɛ:ŋa]
Monte Branco (m)	Mont Blanc	[,mɔn'blᵖaŋ]
Pirineus (m pl)	Pyrenéerna	[pyre'neæ:ŋa]

Cárpatos (m pl)	Karpaterna	[kar'patɛ:ŋa]
Urais (m pl)	Uralbergen	[ʉ'ralᵖ,bɛrjən]
Cáucaso (m)	Kaukasus	['kaukasus]
Elbrus (m)	Elbrus	['ɛlᵖbrʉs]

Altai (m)	Altaj	[alᵖ'taj]
Tian Shan (m)	Tian Shan	[ti'an,ʃan]
Pamir (m)	Pamir	[pa'mir]
Himalaia (m)	Himalaya	[hi'malᵖaja]
monte Everest (m)	Everest	[ɛve'rɛst]

Cordilheira (f) dos Andes	Anderna	['andɛ:ŋa]
Kilimanjaro (m)	Kilimanjaro	[kiliman'jarʉ]

81. Rios

rio (m)	älv, flod (en)	['ɛlᵖv], ['flᵖʉd]
fonte, nascente (f)	källa (en)	['ɕɛlᵖa]
leito (m) de rio	flodbädd (en)	['flᵖʉd,bɛd]
bacia (f)	flodbassäng (en)	['flᵖʉd,ba'sɛŋ]
desaguar no ...	att mynna ut ...	[at 'mʏna ʉt ...]

afluente (m)	biflod (en)	['bi,flᵖʉd]
margem (do rio)	strand (en)	['strand]

corrente (f)	ström (en)	['strø:m]
rio abaixo	nedströms	['nɛd,strœms]
rio acima	motströms	['mʉt,strœms]

inundação (f)	översvämning (en)	['ø:və,ṣvɛmniŋ]
cheia (f)	flöde (ett)	['flᵖø:də]
transbordar (vi)	att flöda över	[at 'flᵖø:da ,ø:vər]
inundar (vt)	att översvämma	[at 'ø:və,ṣvɛma]

banco (m) de areia	grund (ett)	['grʉnd]
corredeira (f)	forsar (pl)	[fo'ṣar]

barragem (f)	damm (en)	['dam]
canal (m)	kanal (en)	[ka'nalᵖ]
reservatório (m) de água	reservoar (ett)	[resɛrvʉ'a:r]
eclusa (f)	sluss (en)	['slʉ:s]
corpo (m) de água	vattensamling (en)	['vatən,samliŋ]

pântano (m)	myr, mosse (en)	['myr], ['mʊsə]
lamaçal (m)	gungfly (ett)	['guŋˌfly]
redemoinho (m)	strömvirvel (en)	['strø:mˌvirvəlʲ]

riacho (m)	bäck (en)	['bɛk]
potável (adj)	dricks-	['driks-]
doce (água)	söt-, färsk-	['sø:t-], ['fæ:ʂk-]

| gelo (m) | is (en) | ['is] |
| congelar-se (vr) | att frysa till | [at 'frysa tilʲ] |

82. Nomes de rios

| rio Sena (m) | Seine | ['sɛ:n] |
| rio Loire (m) | Loire | [lʲʊ'a:r] |

rio Tâmisa (m)	Themsen	['tɛmsən]
rio Reno (m)	Rhen	['ren]
rio Danúbio (m)	Donau	['dɔnaʊ]

rio Volga (m)	Volga	['vɔlʲga]
rio Don (m)	Don	['dɔn]
rio Lena (m)	Lena	['lʲena]

rio Amarelo (m)	Hwang-ho	[huaŋ'hʊ]
rio Yangtzé (m)	Yangtze	['jɑŋtsə]
rio Mekong (m)	Mekong	[me'kɔŋ]
rio Ganges (m)	Ganges	['gaŋəs]

rio Nilo (m)	Nilen	['nilʲen]
rio Congo (m)	Kongo	['kɔngʊ]
rio Cubango (m)	Okavango	[ɔka'vangʊ]
rio Zambeze (m)	Zambezi	[sam'besi]
rio Limpopo (m)	Limpopo	[lim'pɔpɔ]
rio Mississippi (m)	Mississippi	[misi'sipi]

83. Floresta

| floresta (f), bosque (m) | skog (en) | ['skʊg] |
| florestal (adj) | skogs- | ['skʊgs-] |

mata (f) fechada	tät skog (en)	['tɛt ˌskʊg]
arvoredo (m)	lund (en)	['lʊnd]
clareira (f)	glänta (en)	['glʲɛnta]

| matagal (m) | snår (ett) | ['sno:r] |
| mato (m), caatinga (f) | buskterräng (en) | ['busk tɛ'rɛŋ] |

pequena trilha (f)	stig (en)	['stig]
ravina (f)	ravin (en)	[ra'vin]
árvore (f)	träd (ett)	['trɛ:d]
folha (f)	löv (ett)	['lʲø:v]

folhagem (f)	löv, lövverk (ett)	['l⁰ø:v], ['l⁰ø:værk]
queda (f) das folhas	lövfällning (en)	['l⁰ø:v‚fɛl⁰niŋ]
cair (vi)	att falla	[at 'fal⁰a]
topo (m)	trädtopp (en)	['trɛ:‚tɔp]

ramo (m)	gren, kvist (en)	['gren], ['kvist]
galho (m)	gren (en)	['gren]
botão (m)	knopp (en)	['knɔp]
agulha (f)	nål (en)	['no:l⁰]
pinha (f)	kotte (en)	['kɔtə]

buraco (m) de árvore	trädhål (ett)	['trɛ:d‚ho:l⁰]
ninho (m)	bo (ett)	['bʊ]
toca (f)	lya, håla (en)	['l⁰ya], ['ho:l⁰a]

tronco (m)	stam (en)	['stam]
raiz (f)	rot (en)	['rʊt]
casca (f) de árvore	bark (en)	['bark]
musgo (m)	mossa (en)	['mɔsa]

arrancar pela raiz	att rycka upp med rötterna	[at 'rʏka up me 'rœttɛ:ŋa]
cortar (vt)	att fälla	[at 'fɛl⁰a]
desflorestar (vt)	att hugga ner	[at 'huga ner]
toco, cepo (m)	stubbe (en)	['stubə]

fogueira (f)	bål (ett)	['bo:l⁰]
incêndio (m) florestal	skogsbrand (en)	['skʊgs‚brand]
apagar (vt)	att släcka	[at 'sl⁰ɛka]

guarda-parque (m)	skogsvakt (en)	['skʊgs‚vakt]
proteção (f)	värn, skydd (ett)	['væ:n], [ɧyd]
proteger (a natureza)	att skydda	[at 'ɧyda]
caçador (m) furtivo	tjuvskytt (en)	['ɕʉ:v‚ɧʏt]
armadilha (f)	sax (en)	['saks]

| colher (cogumelos, bagas) | att plocka | [at 'pl⁰ɔka] |
| perder-se (vr) | att gå vilse | [at 'go: 'vil⁰sə] |

84. Recursos naturais

recursos (m pl) naturais	naturresurser (pl)	[na'tʉ:r re'surʂər]
minerais (m pl)	mineraler (pl)	[mine'ral⁰ər]
depósitos (m pl)	fyndigheter (pl)	['fʏndi‚hetər]
jazida (f)	fält (ett)	['fɛl⁰t]

extrair (vt)	att utvinna	[at 'ʉt‚vina]
extração (f)	utvinning (en)	['ʉt‚viniŋ]
minério (m)	malm (en)	['mal⁰m]
mina (f)	gruva (en)	['grʉva]
poço (m) de mina	gruvschakt (ett)	['grʉ:v‚ɧakt]
mineiro (m)	gruvarbetare (en)	['grʉ:v‚ar'betarə]

| gás (m) | gas (en) | ['gas] |
| gasoduto (m) | gasledning (en) | ['gas‚l⁰edniŋ] |

petróleo (m)	olja (en)	['ɔlja]
oleoduto (m)	oljeledning (en)	['ɔljəˌlʲednɪŋ]
poço (m) de petróleo	oljekälla (en)	['ɔljəˌçæla]
torre (f) petrolífera	borrtorn (ett)	['bɔrˌtʉːn]
petroleiro (m)	tankfartyg (ett)	['taŋkˌfaːˈtyg]

areia (f)	sand (en)	['sand]
calcário (m)	kalksten (en)	[kalʲkˌsten]
cascalho (m)	grus (ett)	['grʉːs]
turfa (f)	torv (en)	['tɔrv]
argila (f)	lera (en)	['lʲera]
carvão (m)	kol (ett)	['kɔlʲ]

ferro (m)	järn (ett)	['jæːŋ]
ouro (m)	guld (ett)	['gulʲd]
prata (f)	silver (ett)	['silʲvər]
níquel (m)	nickel (en)	['nikəlʲ]
cobre (m)	koppar (en)	['kopar]

zinco (m)	zink (en)	['siŋk]
manganês (m)	mangan (en)	[man'gan]
mercúrio (m)	kvicksilver (ett)	['kvikˌsilʲvər]
chumbo (m)	bly (ett)	['blʲy]

mineral (m)	mineral (ett)	[minə'ralʲ]
cristal (m)	kristall (en)	[kri'stalʲ]
mármore (m)	marmor (en)	['marmʊr]
urânio (m)	uran (ett)	[ʉ'ran]

85. Tempo

tempo (m)	väder (ett)	['vɛːdər]
previsão (f) do tempo	väderprognos (en)	['vɛːdərˌprɔg'nɔːs]
temperatura (f)	temperatur (en)	[tɛmpəra'tʉːr]
termômetro (m)	termometer (en)	[tɛrmʊ'metər]
barômetro (m)	barometer (en)	[barʊ'metər]

úmido (adj)	fuktig	['fuːktig]
umidade (f)	fuktighet (en)	['fuːktigˌhet]
calor (m)	hetta (en)	['hɛta]
tórrido (adj)	het	['het]
está muito calor	det är hett	[dɛ æːr 'hɛt]

está calor	det är varmt	[dɛ æːr varmt]
quente (morno)	varm	['varm]

está frio	det är kallt	[dɛ æːr 'kalʲt]
frio (adj)	kall	['kalʲ]

sol (m)	sol (en)	['sʊlʲ]
brilhar (vi)	att skina	[at 'ɧina]
de sol, ensolarado	solig	['sʊlig]
nascer (vi)	att gå upp	[at 'goː 'up]
pôr-se (vr)	att gå ner	[at 'goː ˌner]

nuvem (f)	moln (ett), sky (en)	['mɔlⁱn], ['ɧy]
nublado (adj)	molnig	['mɔlⁱnig]
nuvem (f) preta	regnmoln (ett)	['rɛgn‚mɔlⁱn]
escuro, cinzento (adj)	mörk, mulen	['mœːrk], ['mʉːlⁱen]

chuva (f)	regn (ett)	['rɛgn]
está a chover	det regnar	[dɛ 'rɛgnar]
chuvoso (adj)	regnväders-	['rɛgn‚vɛdeş-]
chuviscar (vi)	att duggregna	[at 'dug‚rɛgna]

chuva (f) torrencial	hällande regn (ett)	['hɛlⁱande 'rɛgn]
aguaceiro (m)	spöregn (ett)	['spøː‚rɛgn]
forte (chuva, etc.)	kraftigt, häftigt	['kraftigt], ['hɛftigt]
poça (f)	pöl, vattenpuss (en)	['pøːlⁱ], ['vatən‚pus]
molhar-se (vr)	att bli våt	[at bli 'voːt]

nevoeiro (m)	dimma (en)	['dima]
de nevoeiro	dimmig	['dimig]
neve (f)	snö (en)	['snøː]
está nevando	det snöar	[dɛ 'snøːar]

86. Tempo extremo. Catástrofes naturais

trovoada (f)	åskväder (ett)	['ɔsk‚vɛdər]
relâmpago (m)	blixt (en)	['blikst]
relampejar (vi)	att blixtra	[at 'blikstra]

trovão (m)	åska (en)	['ɔska]
trovejar (vi)	att åska	[at 'ɔska]
está trovejando	det åskar	[dɛ 'ɔskar]

| granizo (m) | hagel (ett) | ['hagəlⁱ] |
| está caindo granizo | det haglar | [dɛ 'haglⁱar] |

| inundar (vt) | att översvämma | [at 'øːvə‚şvɛma] |
| inundação (f) | översvämning (en) | ['øːvə‚şvɛmniŋ] |

terremoto (m)	jordskalv (ett)	['jʉːd‚şkalv]
abalo, tremor (m)	skalv (ett)	['skalⁱv]
epicentro (m)	epicentrum (ett)	[ɛpi'sɛntrum]

| erupção (f) | utbrott (ett) | ['ʉt‚brɔt] |
| lava (f) | lava (en) | ['lⁱava] |

tornado (m)	tromb (en)	['trɔmb]
tornado (m)	tornado (en)	[tʊ'ɳadʊ]
tufão (m)	tyfon (en)	[ty'fɔn]

furacão (m)	orkan (en)	[ɔr'kan]
tempestade (f)	storm (en)	['stɔrm]
tsunami (m)	tsunami (en)	[tsu'nami]

| ciclone (m) | cyklon (en) | [tsʏ'klⁱɔn] |
| mau tempo (m) | oväder (ett) | [ʊ:'vɛːdər] |

incêndio (m)	brand (en)	['brand]
catástrofe (f)	katastrof (en)	[kata'strɔf]
meteorito (m)	meteorit (en)	[meteʊ'rit]

avalanche (f)	lavin (en)	[lʲa'vin]
deslizamento (m) de neve	snöskred, snöras (ett)	['snø:ˌskred], ['snø:ˌras]
nevasca (f)	snöstorm (en)	['snø:ˌstɔrm]
tempestade (f) de neve	snöstorm (en)	['snø:ˌstɔrm]

FAUNA

87. Mamíferos. Predadores

predador (m)	rovdjur (ett)	['rʊvˌjɵːr]
tigre (m)	tiger (en)	['tigər]
leão (m)	lejon (ett)	['lʲejɔn]
lobo (m)	ulv (en)	['ulʲv]
raposa (f)	räv (en)	['rɛːv]
jaguar (m)	jaguar (en)	[jaguar]
leopardo (m)	leopard (en)	[lʲeʊ'paːd]
chita (f)	gepard (en)	[je'paːd]
pantera (f)	panter (en)	['pantər]
puma (m)	puma (en)	['pɵːma]
leopardo-das-neves (m)	snöleopard (en)	['snø: lʲeʊ'paːd]
lince (m)	lodjur (ett), lo (en)	['lʲʊˌjɵːr], ['lʲʊ]
coiote (m)	koyot, prärievarg (en)	[kɔ'jʊt], ['præːrieˌvarj]
chacal (m)	sjakal (en)	[ɧa'kalʲ]
hiena (f)	hyena (en)	[hy'ena]

88. Animais selvagens

animal (m)	djur (ett)	['jɵːr]
besta (f)	best (en), djur (ett)	['bɛst], ['jɵːr]
esquilo (m)	ekorre (en)	['ɛkɔrə]
ouriço (m)	igelkott (en)	['igəlʲˌkɔt]
lebre (f)	hare (en)	['harə]
coelho (m)	kanin (en)	[ka'nin]
texugo (m)	grävling (en)	['grɛvliŋ]
guaxinim (m)	tvättbjörn (en)	['tvætˌbjøːn]
hamster (m)	hamster (en)	['hamstər]
marmota (f)	murmeldjur (ett)	['murməlʲjɵːr]
toupeira (f)	mullvad (en)	['mulʲˌvad]
rato (m)	mus (en)	['mɵːs]
ratazana (f)	råtta (en)	['rɔta]
morcego (m)	fladdermus (en)	['flʲadərˌmɵːs]
arminho (m)	hermelin (en)	[hɛrme'lin]
zibelina (f)	sobel (en)	['sɔbəlʲ]
marta (f)	mård (en)	['moːd]
doninha (f)	vessla (en)	['vɛslʲa]
visom (m)	mink (en)	['miŋk]

castor (m)	bäver (en)	['bɛ:vər]
lontra (f)	utter (en)	['ʉ:tər]

cavalo (m)	häst (en)	['hɛst]
alce (m)	älg (en)	['ɛlj]
veado (m)	hjort (en)	['jʊ:t]
camelo (m)	kamel (en)	[ka'melʲ]

bisão (m)	bison (en)	['bisɔn]
auroque (m)	uroxe (en)	['ʉˌroksə]
búfalo (m)	buffel (en)	['bufəlʲ]

zebra (f)	sebra (en)	['sebra]
antílope (m)	antilop (en)	[anti'lʲʊp]
corça (f)	rådjur (ett)	['rɔ:jʉ:r]
gamo (m)	dovhjort (en)	['dɔvˌjʊ:t]
camurça (f)	gems (en)	['jɛms]
javali (m)	vildsvin (ett)	['vilʲdˌsvin]

baleia (f)	val (en)	['valʲ]
foca (f)	säl (en)	['sɛ:lʲ]
morsa (f)	valross (en)	['valʲˌrɔs]
urso-marinho (m)	pälssäl (en)	['pɛlʲsˌsɛlʲ]
golfinho (m)	delfin (en)	[dɛlʲ'fin]

urso (m)	björn (en)	['bjø:ɳ]
urso (m) polar	isbjörn (en)	['isˌbjø:ɳ]
panda (m)	panda (en)	['panda]

macaco (m)	apa (en)	['apa]
chimpanzé (m)	schimpans (en)	[ɧim'pans]
orangotango (m)	orangutang (en)	[ʊ'raŋguˌtaŋ]
gorila (m)	gorilla (en)	[gɔ'rilʲa]
macaco (m)	makak (en)	[ma'kak]
gibão (m)	gibbon (en)	[gi'bʊn]

elefante (m)	elefant (en)	[ɛlʲe'fant]
rinoceronte (m)	noshörning (en)	['nʊsˌhø:ɳiŋ]
girafa (f)	giraff (en)	[ɧi'raf]
hipopótamo (m)	flodhäst (en)	['flʲʊdˌhɛst]

canguru (m)	känguru (en)	['ɕɛngurʊ]
coala (m)	koala (en)	[kʊ'alʲa]

mangusto (m)	mangust, mungo (en)	['mangust], ['muŋgʊ]
chinchila (f)	chinchilla (en)	[ɧin'ɧilʲa]
cangambá (f)	skunk (en)	['skuŋk]
porco-espinho (m)	piggsvin (ett)	['pigˌsvin]

89. Animais domésticos

gata (f)	katt (en)	['kat]
gato (m) macho	hankatt (en)	['hanˌkat]
cão (m)	hund (en)	['hund]

cavalo (m)	häst (en)	['hɛst]
garanhão (m)	hingst (en)	['hiŋst]
égua (f)	sto (ett)	['stʉ:]

vaca (f)	ko (en)	['kɔ:]
touro (m)	tjur (en)	['ɕʉ:r]
boi (m)	oxe (en)	['ʊksə]

ovelha (f)	får (ett)	['fo:r]
carneiro (m)	bagge (en)	['bagə]
cabra (f)	get (en)	['jet]
bode (m)	getabock (en)	['jeta̩bɔk]

| burro (m) | åsna (en) | ['ɔsna] |
| mula (f) | mula (en) | ['mʉlʲa] |

porco (m)	svin (ett)	['svin]
leitão (m)	griskulting (en)	['gris̩kulʲtiŋ]
coelho (m)	kanin (en)	[ka'nin]

| galinha (f) | höna (en) | ['hø:na] |
| galo (m) | tupp (en) | ['tup] |

pata (f), pato (m)	anka (en)	['aŋka]
pato (m)	andrik, andrake (en)	['andrik], ['andrakə]
ganso (m)	gås (en)	['go:s]

| peru (m) | kalkontupp (en) | [kalʲ'kʊn̩tup] |
| perua (f) | kalkonhöna (en) | [kalʲ'kʊn̩hø:na] |

animais (m pl) domésticos	husdjur (pl)	['hʉs̩jʉ:r]
domesticado (adj)	tam	['tam]
domesticar (vt)	att tämja	[at 'tɛmja]
criar (vt)	att avla, att föda upp	[at 'avlʲa], [at 'fø:da up]

fazenda (f)	farm, lantgård (en)	[farm], ['lʲant̩go:d]
aves (f pl) domésticas	fjäderfä (ett)	['fjɛ:dər̩fɛ:]
gado (m)	boskap (en)	['bʊskap]
rebanho (m), manada (f)	hjord (en)	['jʉ:d]

estábulo (m)	stall (ett)	['stalʲ]
chiqueiro (m)	svinstia (en)	['svin̩stia]
estábulo (m)	ladugård (en), kostall (ett)	['lʲadʉ̩go:d], ['kostalʲ]
coelheira (f)	kaninbur (en)	[ka'nin̩bʉ:r]
galinheiro (m)	hönshus (ett)	['hø:ns̩hʉs]

90. Pássaros

pássaro (m), ave (f)	fågel (en)	['fo:gəlʲ]
pombo (m)	duva (en)	['dʉ:va]
pardal (m)	sparv (en)	['sparv]
chapim-real (m)	talgoxe (en)	['taljʊksə]
pega-rabuda (f)	skata (en)	['skata]
corvo (m)	korp (en)	['kɔrp]

gralha-cinzenta (f)	kråka (en)	['kro:ka]
gralha-de-nuca-cinzenta (f)	kaja (en)	['kaja]
gralha-calva (f)	råka (en)	['ro:ka]
pato (m)	anka (en)	['aŋka]
ganso (m)	gås (en)	['go:s]
faisão (m)	fasan (en)	[fa'san]
águia (f)	örn (en)	['ø:ɳ]
açor (m)	hök (en)	['hø:k]
falcão (m)	falk (en)	['falʲk]
abutre (m)	gam (en)	['gam]
condor (m)	kondor (en)	['kɔnˌdor]
cisne (m)	svan (en)	['svan]
grou (m)	trana (en)	['trana]
cegonha (f)	stork (en)	['stɔrk]
papagaio (m)	papegoja (en)	[pape'gɔja]
beija-flor (m)	kolibri (en)	['kɔlibri]
pavão (m)	påfågel (en)	['po:ˌfo:gəlʲ]
avestruz (m)	struts (en)	['struts]
garça (f)	häger (en)	['hɛ:gər]
flamingo (m)	flamingo (en)	[flʲa'mingɔ]
pelicano (m)	pelikan (en)	[peli'kan]
rouxinol (m)	näktergal (en)	['nɛktəˌgalʲ]
andorinha (f)	svala (en)	['svalʲa]
tordo-zornal (m)	trast (en)	['trast]
tordo-músico (m)	sångtrast (en)	['sɔŋˌtrast]
melro-preto (m)	koltrast (en)	['kɔlʲˌtrast]
andorinhão (m)	tornseglare, tornsvala (en)	['tʊ:ɳseglarə], ['tʊ:ɳsvalʲa]
cotovia (f)	lärka (en)	['lʲæ:rka]
codorna (f)	vaktel (en)	['vaktəlʲ]
pica-pau (m)	hackspett (en)	['hakˌspet]
cuco (m)	gök (en)	['jø:k]
coruja (f)	uggla (en)	['uglʲa]
bufo-real (m)	berguv (en)	['bɛrjˌʉ:v]
tetraz-grande (m)	tjäder (en)	['ɕɛ:dər]
tetraz-lira (m)	orre (en)	['ɔrə]
perdiz-cinzenta (f)	rapphöna (en)	['rapˌhø:na]
estorninho (m)	stare (en)	['starə]
canário (m)	kanariefågel (en)	[ka'nariəˌfo:gəlʲ]
galinha-do-mato (f)	järpe (en)	['jæ:rpə]
tentilhão (m)	bofink (en)	['bʊˌfiŋk]
dom-fafe (m)	domherre (en)	['dʊmhɛrə]
gaivota (f)	mås (en)	['mo:s]
albatroz (m)	albatross (en)	['alʲbaˌtrɔs]
pinguim (m)	pingvin (en)	[piŋ'vin]

91. Peixes. Animais marinhos

brema (f)	brax (en)	['braks]
carpa (f)	karp (en)	['karp]
perca (f)	ábborre (en)	['abɔrə]
siluro (m)	mal (en)	['malʲ]
lúcio (m)	gädda (en)	['jɛda]
salmão (m)	lax (en)	['lʲaks]
esturjão (m)	stör (en)	['stø:r]
arenque (m)	sill (en)	['silʲ]
salmão (m) do Atlântico	atlanterhavslax (en)	[at'lantərhav‚lʲaks]
cavala, sarda (f)	makrill (en)	['makrilʲ]
solha (f), linguado (m)	rödspätta (en)	['rø:d‚spæta]
lúcio perca (m)	gös (en)	['jø:s]
bacalhau (m)	torsk (en)	['tɔ:ʂk]
atum (m)	tonfisk (en)	['tʊn‚fisk]
truta (f)	öring (en)	['ø:riŋ]
enguia (f)	ål (en)	['o:lʲ]
raia (f) elétrica	elektrisk rocka (en)	[ɛ'lʲektrisk‚roka]
moreia (f)	muräna (en)	[mɵ'rɛna]
piranha (f)	piraya (en)	[pi'raja]
tubarão (m)	haj (en)	['haj]
golfinho (m)	delfin (en)	[dɛlʲ'fin]
baleia (f)	val (en)	['valʲ]
caranguejo (m)	krabba (en)	['kraba]
água-viva (f)	manet, medusa (en)	[ma'net], [me'dɵsa]
polvo (m)	bläckfisk (en)	['blʲɛk‚fisk]
estrela-do-mar (f)	sjöstjärna (en)	['ɧø:‚ɧæ:ɳa]
ouriço-do-mar (m)	sjöpiggsvin (ett)	['ɧø:‚pigsvin]
cavalo-marinho (m)	sjöhäst (en)	['ɧø:‚hɛst]
ostra (f)	ostron (ett)	['ʊstrʊn]
camarão (m)	räka (en)	['rɛ:ka]
lagosta (f)	hummer (en)	['humər]
lagosta (f)	languster (en)	[lʲaŋ'gustər]

92. Anfíbios. Répteis

cobra (f)	orm (en)	['ʊrm]
venenoso (adj)	giftig	['jiftig]
víbora (f)	huggorm (en)	['hɵg‚ʊrm]
naja (f)	kobra (en)	['kɔbra]
píton (m)	pytonorm (en)	[py'tɔn‚ʊrm]
jiboia (f)	boaorm (en)	['bʊa‚ʊrm]
cobra-de-água (f)	snok (en)	['snʊk]

cascavel (f)	skallerorm (en)	['skalʲerˌʊrm]
anaconda (f)	anaconda (en)	[ana'kɔnda]
lagarto (m)	ödla (en)	['ødlʲa]
iguana (f)	iguana (en)	[igu'ana]
varano (m)	varan (en)	[va'ran]
salamandra (f)	salamander (en)	[salʲa'mandər]
camaleão (m)	kameleont (en)	[kamelʲe'ɔnt]
escorpião (m)	skorpion (en)	[skɔrpi'ʊn]
tartaruga (f)	sköldpadda (en)	['ɧœlʲdˌpada]
rã (f)	groda (en)	['grʊda]
sapo (m)	padda (en)	['pada]
crocodilo (m)	krokodil (en)	[krɔkɔ'dilʲ]

93. Insetos

inseto (m)	insekt (en)	['insɛkt]
borboleta (f)	fjäril (en)	['fʲæ:rilʲ]
formiga (f)	myra (en)	['myra]
mosca (f)	fluga (en)	['flʉ:ga]
mosquito (m)	mygga (en)	['mɤga]
escaravelho (m)	skalbagge (en)	['skalʲˌbagə]
vespa (f)	geting (en)	['jɛtiŋ]
abelha (f)	bi (ett)	['bi]
mamangaba (f)	humla (en)	['humlʲa]
moscardo (m)	styngfluga (en)	['stʏŋˌflʉ:ga]
aranha (f)	spindel (en)	['spindəlʲ]
teia (f) de aranha	spindelnät (ett)	['spindəlˌnɛ:t]
libélula (f)	trollslända (en)	['trɔlʲˌslʲɛnda]
gafanhoto (m)	gräshoppa (en)	['grɛsˌhɔpa]
traça (f)	nattfjäril (en)	['natˌfʲæ:rilʲ]
barata (f)	kackerlacka (en)	['kakɛːˌlʲaka]
carrapato (m)	fästing (en)	['fɛstiŋ]
pulga (f)	loppa (en)	['lʲɔpa]
borrachudo (m)	knott (ett)	['knot]
gafanhoto (m)	vandringsgräshoppa (en)	['vandriŋˌgrɛs'hɔparə]
caracol (m)	snigel (en)	['snigəlʲ]
grilo (m)	syrsa (en)	['sʏʂa]
pirilampo, vaga-lume (m)	lysmask (en)	['lʲʏsˌmask]
joaninha (f)	nyckelpiga (en)	['nɤkəlʲˌpiga]
besouro (m)	ollonborre (en)	['ɔlʲɔnˌbɔrə]
sanguessuga (f)	igel (en)	['i:gəlʲ]
lagarta (f)	fjärilslarv (en)	['fʲæ:rilʲsˌlʲarv]
minhoca (f)	daggmask (en)	['dagˌmask]
larva (f)	larv (en)	['lʲarv]

FLORA

94. Árvores

árvore (f)	träd (ett)	['trɛːd]
decídua (adj)	löv-	['lʲøːv-]
conífera (adj)	barr-	['bar-]
perene (adj)	eviggrönt	['ɛviˌɡrœnt]

macieira (f)	äppelträd (ett)	['ɛpelʲˌtrɛd]
pereira (f)	päronträd (ett)	['pæːrɔnˌtrɛd]
cerejeira (f)	fågelbärsträd (ett)	['foːɡelʲbæːʂˌtrɛd]
ginjeira (f)	körsbärsträd (ett)	['ɕøːʂbæːʂˌtrɛd]
ameixeira (f)	plommonträd (ett)	['plʲumɔnˌtrɛd]

bétula (f)	björk (en)	['bjœrk]
carvalho (m)	ek (en)	['ɛk]
tília (f)	lind (en)	['lind]
choupo-tremedor (m)	asp (en)	['asp]
bordo (m)	lönn (en)	['lʲøn]
espruce (m)	gran (en)	['ɡran]
pinheiro (m)	tall (en)	['talʲ]
alerce, lariço (m)	lärk (en)	['lʲæːrk]
abeto (m)	silvergran (en)	['silʲverˌɡran]
cedro (m)	ceder (en)	['sedər]

choupo, álamo (m)	poppel (en)	['pɔpelʲ]
tramazeira (f)	rönn (en)	['rœn]
salgueiro (m)	pil (en)	['pilʲ]
amieiro (m)	al (en)	['alʲ]
faia (f)	bok (en)	['buk]
ulmeiro, olmo (m)	alm (en)	['alʲm]
freixo (m)	ask (en)	['ask]
castanheiro (m)	kastanjeträd (ett)	[ka'stanjeˌtrɛd]

magnólia (f)	magnolia (en)	[maŋ'nulia]
palmeira (f)	palm (en)	['palʲm]
cipreste (m)	cypress (en)	[sʏ'prɛs]

mangue (m)	mangroveträd (ett)	[maŋ'rɔveˌtrɛd]
embondeiro, baobá (m)	apbrödsträd (ett)	['apbrødsˌtrɛd]
eucalipto (m)	eukalyptus (en)	[euka'lʲyptus]
sequoia (f)	sequoia (en)	[sek'vɔja]

95. Arbustos

arbusto (m)	buske (en)	['buskə]
arbusto (m), moita (f)	buske (en)	['buskə]

videira (f)	vinranka (en)	['vin,raŋka]
vinhedo (m)	vingård (en)	['vin,goːɖ]
framboeseira (f)	hallonsnår (ett)	['halʲɔn,snoːr]
groselheira-negra (f)	svarta vinbär (ett)	['svaːʈa 'vinbæːr]
groselheira-vermelha (f)	röd vinbärsbuske (en)	['røːd 'vinbæːʂ,buskə]
groselheira (f) espinhosa	krusbärsbuske (en)	['kruːsbæːʂ,buskə]
acácia (f)	akacia (en)	[a'kasia]
bérberis (f)	berberis (en)	['bɛrberis]
jasmim (m)	jasmin (en)	[has'min]
junípero (m)	en (en)	['en]
roseira (f)	rosenbuske (en)	['rusən,buskə]
roseira (f) brava	stenros, hundros (en)	['stenrus], ['hundrus]

96. Frutos. Bagas

fruta (f)	frukt (en)	['frukt]
frutas (f pl)	frukter (pl)	['fruktər]
maçã (f)	äpple (ett)	['ɛplʲe]
pera (f)	päron (ett)	['pæːrɔn]
ameixa (f)	plommon (ett)	['plʲumɔn]
morango (m)	jordgubbe (en)	['juːɖ,gubə]
ginja (f)	körsbär (ett)	['çøːʂ,bæːr]
cereja (f)	fågelbär (ett)	['foːgəlʲ,bæːr]
uva (f)	druva (en)	['druːva]
framboesa (f)	hallon (ett)	['halʲɔn]
groselha (f) negra	svarta vinbär (ett)	['svaːʈa 'vinbæːr]
groselha (f) vermelha	röda vinbär (ett)	['røːda 'vinbæːr]
groselha (f) espinhosa	krusbär (ett)	['kruːs,bæːr]
oxicoco (m)	tranbär (ett)	['tran,bæːr]
laranja (f)	apelsin (en)	[apɛlʲ'sin]
tangerina (f)	mandarin (en)	[manda'rin]
abacaxi (m)	ananas (en)	['ananas]
banana (f)	banan (en)	['banan]
tâmara (f)	dadel (en)	['dadəlʲ]
limão (m)	citron (en)	[si'trun]
damasco (m)	aprikos (en)	[apri'kus]
pêssego (m)	persika (en)	['pɛʂika]
quiuí (m)	kiwi (en)	['kivi]
toranja (f)	grapefrukt (en)	['grɛjp,frukt]
baga (f)	bär (ett)	['bæːr]
bagas (f pl)	bär (pl)	['bæːr]
arando (m) vermelho	lingon (ett)	['liŋɔn]
morango-silvestre (m)	skogssmultron (ett)	['skugs,smulʲtroːn]
mirtilo (m)	blåbär (ett)	['blʲoː,bæːr]

97. Flores. Plantas

flor (f)	blomma (en)	['blʊma]
buquê (m) de flores	bukett (en)	[bʉ'kɛt]
rosa (f)	ros (en)	['rʊs]
tulipa (f)	tulpan (en)	[tulˈpan]
cravo (m)	nejlika (en)	['nɛjlika]
gladíolo (m)	gladiolus (en)	[glˈadiˈɔlʉ:s]
centáurea (f)	blåklint (en)	['blˈo:ˌklint]
campainha (f)	blåklocka (en)	['blˈo:ˌklˈɔka]
dente-de-leão (m)	maskros (en)	['maskrʊs]
camomila (f)	kamomill (en)	[kamɔ'milˈ]
aloé (m)	aloe (en)	['alˈʊe]
cacto (m)	kaktus (en)	['kaktus]
fícus (m)	fikus (en)	['fikus]
lírio (m)	lilja (en)	['lilja]
gerânio (m)	geranium (en)	[je'ranium]
jacinto (m)	hyacint (en)	[hya'sint]
mimosa (f)	mimosa (en)	[mi'mɔ:sa]
narciso (m)	narciss (en)	[nar'sis]
capuchinha (f)	blomsterkrasse (en)	['blˈɔmstərˌkrasə]
orquídea (f)	orkidé (en)	[ɔrki'de:]
peônia (f)	pion (en)	[pi'ʊn]
violeta (f)	viol (en)	[vi'ʊlˈ]
amor-perfeito (m)	styvmorsviol (en)	['styvmʊrs vi'ʊlˈ]
não-me-esqueças (m)	förgätmigej (en)	[føˌrˈæt mi 'gej]
margarida (f)	tusensköna (en)	['tʉ:sənˌhø:na]
papoula (f)	vallmo (en)	['valˈmʊ]
cânhamo (m)	hampa (en)	['hampa]
hortelã, menta (f)	mynta (en)	['mʏnta]
lírio-do-vale (m)	liljekonvalje (en)	['lilje kʊn 'valje]
campânula-branca (f)	snödropp (en)	['snø:ˌdrɔp]
urtiga (f)	nässla (en)	['nɛslˈa]
azedinha (f)	syra (en)	['syra]
nenúfar (m)	näckros (en)	['nɛkrʊs]
samambaia (f)	ormbunke (en)	['ʊrmˌbuŋkə]
líquen (m)	lav (en)	['lˈav]
estufa (f)	drivhus (ett)	['drivˌhʉs]
gramado (m)	gräsplan, gräsmatta (en)	['grɛsˌplan], ['grɛsˌmata]
canteiro (m) de flores	blomsterrabatt (en)	['blˈɔmstərˌrabat]
planta (f)	växt (en)	['vɛkst]
grama (f)	gräs (ett)	['grɛ:s]
folha (f) de grama	grässtrå (ett)	['grɛ:sˌstro:]

folha (f)	löv (ett)	['lʲøːv]
pétala (f)	kronblad (ett)	['krɔnˌblʲad]
talo (m)	stjälk (en)	['ɧɛlʲk]
tubérculo (m)	rotknöl (en)	['rʊtˌknøːlʲ]

| broto, rebento (m) | ung planta (en) | ['ʊŋ 'planta] |
| espinho (m) | törne (ett) | ['tøːɳə] |

florescer (vi)	att blomma	[at 'blʲʊma]
murchar (vi)	att vissna	[at 'visna]
cheiro (m)	lukt (en)	['lʊkt]
cortar (flores)	att skära av	[at 'ɧæːra av]
colher (uma flor)	att plocka	[at 'plʲɔka]

98. Cereais, grãos

grão (m)	korn, spannmål (ett)	['kʊːɳ], ['spanˌmoːlʲ]
cereais (plantas)	spannmål (ett)	['spanˌmoːlʲ]
espiga (f)	ax (ett)	['aks]

trigo (m)	vete (ett)	['vetə]
centeio (m)	råg (en)	['roːg]
aveia (f)	havre (en)	['havrə]
painço (m)	hirs (en)	['hyʂ]
cevada (f)	korn (ett)	['kʊːɳ]

milho (m)	majs (en)	['majs]
arroz (m)	ris (ett)	['ris]
trigo-sarraceno (m)	bovete (ett)	['bʊˌvetə]

ervilha (f)	ärt (en)	['æːt]
feijão (m) roxo	böna (en)	['bøna]
soja (f)	soja (en)	['sɔja]
lentilha (f)	lins (en)	['lins]
feijão (m)	bönor (pl)	['bønʊr]

PAÍSES DO MUNDO

99. Países. Parte 1

Afeganistão (m)	Afghanistan	[afˈganiˌstan]
África (f) do Sul	Republiken Sydafrika	[repuˈblikən ˈsydˌafrika]
Albânia (f)	Albanien	[alˈbaniən]
Alemanha (f)	Tyskland	[ˈtʏsklʲand]
Arábia (f) Saudita	Saudiarabien	[ˈsaudi aˈrabiən]
Argentina (f)	Argentina	[argɛnˈtina]
Armênia (f)	Armenien	[arˈmeniən]

Austrália (f)	Australien	[auˈstraliən]
Áustria (f)	Österrike	[ˈœstɛˌrikə]
Azerbaijão (m)	Azerbajdzjan	[asɛrbajˈdʒlʲan]
Bahamas (f pl)	Bahamas	[baˈhamas]
Bangladesh (m)	Bangladesh	[banglʲaˈdɛʃ]
Bélgica (f)	Belgien	[ˈbɛlʲgiən]
Belarus	Vitryssland	[ˈvitˌrʏslʲand]

Bolívia (f)	Bolivia	[buˈlivia]
Bósnia e Herzegovina (f)	Bosnien-Hercegovina	[ˈbɔsniən hɛrsəgɔˈvina]
Brasil (m)	Brasilien	[braˈsiliən]
Bulgária (f)	Bulgarien	[bʉlʲˈgariən]
Camboja (f)	Kambodja	[kamˈbɔdja]
Canadá (m)	Kanada	[ˈkanada]
Cazaquistão (m)	Kazakstan	[kaˈsakˌstan]

Chile (m)	Chile	[ˈɕiːlʲe]
China (f)	Kina	[ˈɕina]
Chipre (m)	Cypern	[ˈsypɛːn]
Colômbia (f)	Colombia	[kɔˈlʲʉmbia]
Coreia (f) do Norte	Nordkorea	[ˈnuːɖ kʉˈrea]
Coreia (f) do Sul	Sydkorea	[ˈsydˌkʉˈrea]
Croácia (f)	Kroatien	[krʉˈatiən]

Cuba (f)	Kuba	[ˈkʉːba]
Dinamarca (f)	Danmark	[ˈdaŋmark]
Egito (m)	Egypten	[eˈjyptən]
Emirados Árabes Unidos	Förenade arabrepubliken	[føˈrenadə aˈrab repuˈblikən]
Equador (m)	Ecuador	[ɛkvaˈdʉr]
Escócia (f)	Skottland	[ˈskɔtlʲand]

Eslováquia (f)	Slovakien	[slʲɔˈvakiən]
Eslovênia (f)	Slovenien	[slʲɔˈveniən]
Espanha (f)	Spanien	[ˈspaniən]
Estados Unidos da América	Amerikas Förenta Stater	[aˈmɛrikas føˈrɛnta ˈstatər]
Estônia (f)	Estland	[ˈɛstlʲand]
Finlândia (f)	Finland	[ˈfinlʲand]
França (f)	Frankrike	[ˈfraŋkrikə]

100. Países. Parte 2

Gana (f)	Ghana	['gana]
Geórgia (f)	Georgien	[je'ɔrgiən]
Grã-Bretanha (f)	Storbritannien	['stʊr͵bri'taniən]
Grécia (f)	Grekland	['greklʲand]
Haiti (m)	Haiti	[ha'iti]
Hungria (f)	Ungern	['uŋɛːŋ]
Índia (f)	Indien	['indiən]

Indonésia (f)	Indonesien	[indʊ'nesiən]
Inglaterra (f)	England	['ɛŋlʲand]
Irã (m)	Iran	[i'ran]
Iraque (m)	Irak	[i'rak]
Irlanda (f)	Irland	['iʲand]
Islândia (f)	Island	['islʲand]
Israel (m)	Israel	['israəlʲ]

Itália (f)	Italien	[i'taliən]
Jamaica (f)	Jamaica	[ja'majka]
Japão (m)	Japan	['japan]
Jordânia (f)	Jordanien	[jʊ'dɑniən]
Kuwait (m)	Kuwait	[kɵ'vajt]
Laos (m)	Laos	['lʲaɔs]
Letônia (f)	Lettland	['lʲetlʲand]

Líbano (m)	Libanon	['libanɔn]
Líbia (f)	Libyen	['libiən]
Liechtenstein (m)	Liechtenstein	['lihtənstajn]
Lituânia (f)	Litauen	[li'tauən]
Luxemburgo (m)	Luxemburg	['lɵksəm͵burj]
Macedônia (f)	Makedonien	[make'dʊniən]
Madagascar (m)	Madagaskar	[mada'gaskar]

Malásia (f)	Malaysia	[ma'lʲajsia]
Malta (f)	Malta	['malʲta]
Marrocos	Marocko	[ma'rɔkʊ]
México (m)	Mexiko	['mɛksikɔ]
Birmânia (f)	Myanmar	['mjanmar]
Moldávia (f)	Moldavien	[mʊlʲ'daviən]
Mônaco (m)	Monaco	['mɔnakɔ]

Mongólia (f)	Mongoliet	[mʊngʊ'liet]
Montenegro (m)	Montenegro	['mɔntə͵nɛgrʊ]
Namíbia (f)	Namibia	[na'mibia]
Nepal (m)	Nepal	[ne'palʲ]
Noruega (f)	Norge	['nɔrjə]
Nova Zelândia (f)	Nya Zeeland	['nya 'se:lʲand]

101. Países. Parte 3

Países Baixos (m pl)	Nederländerna	['nedɛː͵lʲɛndɛːŋa]
Palestina (f)	Palestina	[palʲe'stina]

Panamá (m)	Panama	['panama]
Paquistão (m)	Pakistan	['paki,stan]
Paraguai (m)	Paraguay	[parag'waj]
Peru (m)	Peru	[pɛ'rʉ]
Polinésia (f) Francesa	Franska Polynesien	['franska pɔlʲy'nesiən]

Polônia (f)	Polen	['pɔlʲen]
Portugal (m)	Portugal	['pɔ:[ugalʲ]
Quênia (f)	Kenya	['kenja]
Quirguistão (m)	Kirgizistan	[kir'gisi,stan]
República (f) Checa	Tjeckien	['ɕɛkiən]
República Dominicana	Dominikanska republiken	[dɔmini'kanska repu'blikən]
Romênia (f)	Rumänien	[rʉ'mɛ:niən]

Rússia (f)	Ryssland	['rʏslʲand]
Senegal (m)	Senegal	[sene'galʲ]
Sérvia (f)	Serbien	['sɛrbiən]
Síria (f)	Syrien	['syriən]
Suécia (f)	Sverige	['svɛrijə]
Suíça (f)	Schweiz	['ʃvɛjts]
Suriname (m)	Surinam	['sʉri,nam]

Tailândia (f)	Thailand	['tajlʲand]
Taiwan (m)	Taiwan	[taj'van]
Tajiquistão (m)	Tadzjikistan	[ta'dʒiki,stan]
Tanzânia (f)	Tanzania	[tansa'nija]
Tasmânia (f)	Tasmanien	[tas'maniən]
Tunísia (f)	Tunisien	[tʉ'nisiən]
Turquemenistão (m)	Turkmenistan	[turk'meni,stan]

Turquia (f)	Turkiet	[turkiet]
Ucrânia (f)	Ukraina	[u'krajna]
Uruguai (m)	Uruguay	[ʉrug'waj]
Uzbequistão (f)	Uzbekistan	[us'beki,stan]
Vaticano (m)	Vatikanstaten	[vati'kan,statən]
Venezuela (f)	Venezuela	[venesu'ɛlʲa]
Vietnã (m)	Vietnam	['vjɛtnam]
Zanzibar (m)	Zanzibar	['sansibar]

www.ingramcontent.com/pod-product-compliance
Lightning Source LLC
Chambersburg PA
CBHW070818050426
42452CB00011B/2098